日経文庫
NIKKEI BUNKO

AIまるわかり
（人工知能）

古明地正俊・長谷佳明

JN208948

日本経済新聞出版

はじめに

人工知能（ＡＩ：Artificial Intelligence）という言葉を、テレビのニュースや新聞記事などで頻繁に見かけるようになりました。ＡＩとは、その名の通り人間の有している知性・知能を人工的に実現する技術ですが、近年、その使われ方や利用している技術が、急速に変化しています。そのため、ＡＩのとらえ方や理解には、人によって大きな隔たりがあります。

そこで本書は、過去のＡＩブームから、最近注目を集めている深層学習（ディープラーニング）までのＡＩ研究の流れを俯瞰し、なぜＡＩが再び注目されているのかを理解できるようにしました。また、アマゾン・エコーや自動走行車など、音声認識や画像認識などの最新技術を活用した事例を取り上げ、ＡＩでどのようなことが実現しているのかを紹介します。

ＡＩはビジネスの現場にも、大きな影響を与えようとしています。製造業や医療、金融などへのインパクトについても最新の動向を中心に紹介しました。最後に、２０３０年、２０４５年を見据えたＡＩ活用、雇用や経済への影響、日本の勝機はどこにあるのか、などについても紹介します。

ＡＩが、われわれの生活を豊かにする原動力となり得ることは間違いありません。ただ、その使い方を間違えば、人間や社会に対して大きな不利益を与える可能性もあります。将来的には、ＡＩが人間を凌駕する「シンギュラリティ」が到来するという予想もありますが、それまでには数十年という長い時間がかかります。

我々が今取り組むべきことは、ヒューマンインタフェース技術などＡＩ以外の技術も活用し、「ＡＩと人間」が互いの能力を補完し、共生する仕組みを構築することだと筆者は考えます。重要なことは、人間がＡＩをきちんと使いこなすための、技術面や制度面の課題を着実に解決していくことなのです。とくに、制度面の議論にはＡＩによるメリットとデメリットのバランスを必要とする問題も多く、専門家以外の人々も議論に加わるべきでしょう。そのためにも、ＡＩの現状と将来に対して、多くの人たちが正しい理解をすることが大切だと考えています。

本書は、専門知識を持たない人でも理解できるように、できるだけ平易な表現での記述を心がけました。また、欧米や日本の企業訪問や学会参加を通じて、現地で見聞きしたオリジナルの情報を盛り込むようにしました。本書を通じてＡＩに関する理解を深め、ビジネスパーソンや未来を担う若い人たちが、これからの仕事や社会のあり方を考える第一歩になればと思っています。

2017年3月

古明地　正俊
長谷　佳明

ＡＩ（人工知能）まるわかり――【目次】

第5章 AIは人間の仕事を奪うのか

海外での存在感が低下している日本のＡＩ研究／基礎研究を重視するＡＩ先進国
過熱するＡＩ人材の争奪戦／日本の真の課題はユーザー企業の人材不足／明治維新に学ぶ
人間の幸福に貢献できるＡＩ活用を

〈写真クレジット〉
p15　Photo/Google via Getty Images
p54　Photo/Bloomberg via Getty Images
p89　Photo/Bloomberg via Getty Images
p137　Photo/Bloomberg via Getty Images
p171　Photo/VCG via Getty Images

第1章

なぜ、いまＡＩが注目されているのか

1　プロ囲碁棋士がＡＩに負けた

２０１６年３月15日、歴史的な「事件」が起こりました。グーグル傘下のディープマインド社が開発した人工知能（ＡＩ）の囲碁プログラムＡｌｐｈａＧｏ（アルファ碁）が、世界トップレベルの実力を持つ韓国のプロ棋士、李《イ》世《セ》乭《ドル》九段に４勝１敗と大きく勝ち越したのです。

チェスや将棋では、ＡＩはすでにトッププロと互角以上の実力に達していますが、手数が圧倒的に多く複雑な囲碁では、トップレベルに到達するにはまだまだ時間がかかると思われていました。しかし、その予想が覆されたのです。

今回の対戦は、その結果が予想外だっただけでなく、その対戦過程も予想外の出来事の連続でした。プロの解説者たちですら、アルファ碁の打ち手の意味を正しく解釈できなかったのです。人間のプロ棋士が打たないような手を次々と打つアルファ碁に対して、試合の途中まで解説者は悪手を打っているとしていました。しかし、盤面が進むにつれてアルファ碁が次第に有利となっていくのを見るにつけ、困惑を隠せない状態となっていったのです。

アルファ碁と対戦する韓国の李世乭九段

ヨーロッパ地域での過去最大の投資

この偉業を達成したディープマインド社は、英国を拠点とするスタートアップ企業です。２０１４年の１月にグーグルがヨーロッパ地域で過去最大の投資である４億ドルを投じて同社を買収し、現在はグーグルの傘下となっています。

ディープマインド社の創業は２０１０年に遡ります。同社は、ペイパルの共同創業者のピーター・ティール、テスラの創業者であるイーロン・マスク、スカイプの共同創業者ジャン・タリン、ホライゾン・ヴェンチャーズの李嘉誠、ＡＩのスタートアップ企業センティエントの共同創業者アントン・ブロンドなど名だたる経営者や投資家からの資金調達により、その活動を開始しました。

ディープマインド社のトップページには、「知性を解明し、この世界をより良い場所にするためにそれを利用する」という企業ミッションが掲げられています。ディープマインド社の創業者であるデミス・ハサビスは機械学習と脳神経科学を融合させることにより、人間と同じようにさまざまな課題に対して知的な判断をする、「汎用人工知能」(Artificial General Intelligence：ＡＧＩ）を実現しようとしています。今回の囲碁に対する取り組みもその一環です。

始まりはスペースインベーダー

アルファ碁で利用された技術のいくつかは、アルファ碁の登場する約1年前にスペースインベーダーやブロック崩しといったビデオゲームを学習するＡＩを実現する技術として開発されていました。ディープQネットワーク（ＤＱＮ）と名付けられたそのアルゴリズムは、ゲームの開始時はランダムに動くだけであっと言う間に敵にやられてしまいます。しかし、1時間、2時間とゲームを続けるうちに、試行錯誤を繰り返し次第に相手を倒す術を学んでいきます。ＤＱＮには、アルファ碁と同じようにゲームの画面をディープラーニングで認識する技術や、相手から得点を奪った動作が良い動作であるということをプレーしながら学ぶ、強化学習の機能が実装されていたのです。

ＤＱＮの優れている点は、複数のゲームそれぞれに個別対応したプログラムによって実現されているのではなく、１種類の学習プログラムによって実現されていることです。汎用性と自己学習能力は人間にはまだ遠く及びませんが、この２つの機能を実現する技術こそ、デミス・ハサビスが目指す「汎用人工知能」実現に向けた重要な要素技術であり、ＤＱＮにはまさにその技術が実装されていたのです。

拡大するＡＩ活用

ＡＩの活用は囲碁などのゲームの世界にとどまらず、実世界での活用にも広がりを見せています。その代表となるのがＩＢＭのワトソンです。ワトソンは人間が日常的に使っている自然言語を解釈し、自身が蓄積している情報をもとにした仮説の生成機能や学習機能を有するシステムです。

ワトソンの登場もディープマインドのアルファ碁に負けず劣らず衝撃的でした。ワトソンは、２０１１年に米国の人気クイズ番組「ジョパディ！」で、本や百科事典など2億ページ分のテキストデータ（70ＧＢ程度、約１００万冊の書籍に相当）の知識をたずさえ、人間のクイズチャンピオンに勝利したのです。これを契機として、ＩＢＭはワトソンの商用化に向け、さまざまな活動を開始しました。2014年10月には、ワトソン事業を統括するワトソングループの本部をニューヨーク市のシリコン・アレー地区に開設するとともに、「Watson Client Experience Center」と名づけられた支部を世界5カ所に開設しています。

ワトソンの機能は自然言語処理をベースにしたものであり、人との対話やシステムに蓄積された専門知識や業務知識を利用して人間の意思決定支援を行います。日本では、みずほ銀行や保険のMS&ADインシュアランスグループがコールセンター業務のオペレーター支援にワトソンを採用するなど、金融機関向けのプロジェクトが進んでいます。

また、東京大学医科学研究所では2015年からワトソンを活用しており、専門医師でも診断が難しいがんを、AIが短時間で見抜くという成果を出しています。このようにAIは予想をはるかに上回るスピードで進化し、適用範囲が広がっています。

一連の成果も追い風となって、AIは現在、3度目のブームのさなかにあります（後述）。しかし、AIの進化は良い面のみをもたらすわけではありません。AIの性能向上や活用領域の広まりにともない、AIが人間の仕事を奪うのではないかという不安も広まっています。たとえば、自動走行車が一般的になった場合、タクシーやトラックなどの運送に従事している人間が職を失う可能性もあります。

本書では、ＡＩがいかなる技術であるかをひもとき、それがわれわれの生活やビジネス、社会に今後どのような影響を与える可能性があるかを考察したいと思います。

2　第３次ＡＩブームの到来

そもそもＡＩとは何だろう

人工知能（ＡＩ）とは、その名の通り人間の有しているような知性・知能を人工的に実現する技術を指します。現在のところ、人間の知能と同等の仕組みを実現する技術は存在していません。この世にはディープマインド社のデミス・ハサビスが実現を目指しているような「汎用人工知能」はまだ存在していないのです。

そのため、たとえばＩＢＭはワトソンをＡＩとは呼ばず、コグニティブ（認知）コンピューティングと呼んでいます。また、コグニティブコンピューティング以外にも、知的な機能を実現するシステムの総称として、スマートマシンやＩＡ（Intelligent Application）という言葉もありますが、これらの言葉はあまり普及していません。人工知能の本来の意味からすると「汎用人工知能」とその他の人工知能的なものは分けるべきなのかもしれません。しかし、従来ではたんなる自動化やビッグデータ分析の範疇であった技術が、ＡＩブームに便乗する形で製品やサービスに「ＡＩ」という冠をつけることが多くなっているのが昨今の実状です。

もちろんこれらの製品やサービスの多くは、機械学習などの技術を利用しており、ＡＩとまったくの無関係というわけではありません。これらの製品やサービスは汎用性がありませんが、自動運転や碁を打つといった特定の目的に対しては、人間と同等以上の知的能力を発揮します。そのため、こうした目的に特化したＡＩは「特化型人工知能」と呼ばれています。そして多くの「特化型人工知能」はディープラーニングなどの「汎用人工知能」を実現するために必要になると考えられている要素技術を利用しています。

しかし、「汎用人工知能」を実現するために必要になると考えられている要素技術も時代とともに変化しています。そのため、実態としてのＡＩも時代とともに変化しています。そもそもＡＩが何であるかということに対して理解を深めるために、ＡＩがどのような歴史をたどってきたのかを確認することにします。

機械学習が3回目のブームを牽引

ＡＩは過去にも2回のブームを経験しています。

第1次ブームは、AIという言葉が誕生した1950〜1960年代です。推論・探索と呼ばれる技術によって、人間と同様の知能を表現しようとしました。しかし、パズルや簡単なゲームこそ解けるようになったものの、実用性のあるものはほとんどできませんでした。

2回目のブームは1980年代に起こりました。この時期は専門家の知識をルールとして教え込み、問題を解決させようとする「エキスパートシステム」の研究が進みました。ビジネスへの応用例が出てきたものの、その適用範囲は限られ、ブームは次第にしぼんでしまいました。人間がAIにルールを教えることは思った以上に難しかったためです。

現在の第3次ブームの原動力となっているのが、先進的な機械学習の実用化です。機械学習とは、コンピュータに大量のデータを学習させ、人間のように音声や画像を認識したり、最適な判断を下したりできるようにする技術のことです。

その考え方自体は新しいものではなく、原型は1960年代に登場しています。ただし、実用レベルに達するまでに時間がかかりました。

というのも、機械学習では大量の学習データと、学習プロセスに膨大な計算機リソースが必要となったためです。2000年代後半にようやくビッグデータ基盤を実用的なコストで構築できるようになりました。これによってはじめて、大量の学習データを容易に取得できるようになったのです。

この第3次ＡＩブームを牽引する機械学習技術には、さまざまな手法があります。その中でもとくに注目度が高いのは「ディープラーニング（深層学習）」です。ディープラーニングとは、人間の脳を模した「ニューラルネットワーク」を使って大量のデータを学習する手法です。「ニューラルネットワーク」の考え方自体は、昔からありましたが、現在主流となっているディープラーニングの実現手法は２００６年に登場しました。

3　「深層学習（ディープラーニング）」がキーポイント

人間を〝超えた〟画像認識

画像認識は、ディープラーニングの適用分野として現在もっとも注目を集める領域です。注目を集めるきっかけとなったのは、２０１２年に開かれた「ＩＬＳＶＲＣ（ImageNet Large Scale Visual Recognition Challenge）」という画像認識のコンテストです。このコンテストでトロント大学のジェフリー・ヒントン教授はディープラーニングを活用してエラー率を16％に抑制。従来型の手法に10％以上の大差を付けて優勝しました。

精度向上はその後も続き、2015年の同コンテストではエラー率が5％以下になりました。ILSVRCのタスクに対する人間のエラー率は約5・1％と考えられており、静止画像の画像分類のような単純タスクでは、ディープラーニングはすでに人間より高い認識率を実現したと言えます。最近では、こうした簡単なタスクではなく、物体の領域を画素レベルで分離するセグメンテーションや動画像処理の分野の研究開発が進められています。

利用が拡大するディープラーニング

とくに2010年代に入ってから、米グーグル、米マイクロソフト、米フェイスブックといった米国の著名IT企業が、こぞってディープラーニングの研究に取り組むようになりました。研究の成果も次々と出ています。たとえばアップルのバーチャルエージェント「Siri（シリ）」における音声認識、マイクロソフトの検索エンジン「Bing」の画像検索などが当てはまります。また、グーグルはすでに1500を超えるプロジェクトでディープラーニングを活用しています。

このように技術の到達レベルが高まった音声認識と画像認識では、商用利用が増えつつあります。たとえば音声認識は、先に挙げたアップルの「Siri」のほか、米アマゾンの音声応答による操作が可能なスピーカー型端末「アマゾン・エコー」など、コンシューマー分野での活用が拡大しています。音声認識技術は、人間とＩＴシステムの間のインタフェースをこれまでよりも自然なものにして、ＩＴの活用機会を増やす役割を果たすと期待できます。

ディープラーニングによる画像認識に対しては、製造業などで期待が高まっています。日本でもロボットメーカーや自動車メーカーなどによる投資が盛んになってきています。

応用例も広がりつつあります。たとえば自動車の自動運転を実現する最重要技術であることは、疑問の余地がないところです。ほかにも、ＥＣサイトであれば画像による商品の検索などでの利用が予想されます。医療分野であれば、画像による病気の診断支援が有力なアプリケーションとなります。製造業では自動車のほかにも、工場での製品分類や品質チェックなどに使われ始めています。また、これらのサービスを提供するスタートアップ企業も増えており、ホットな分野といえます。

従来のAIは人手の多さがネックに

なぜ、これほどまでにディープラーニングへの注目度が高まっているのでしょうか。現在利用されているＡＩの要素技術それぞれの適用領域と開発・運用コストを比較すると、その理由が分かります。

たとえば、１９８０年代にブームとなったルールベースのＡＩは適用範囲が限られています。その原因は、ＡＩを動かすために必要なルールの構築が難しかったからです。このため、現在は機械学習の適用が難しい対話型のシステムのエンジンなど、限られた領域だけで使われています。

これに対し、現在のＡＩ技術の中核となっている機械学習は、ルールベースのＡＩに比べると適用領域が広がっています。迷惑メールの分類や、ＥＣサイトにおいて顧客のニーズを予測して提案するレコメンデーションなどでの活用がよく知られています。

ただし、「従来型」の機械学習では、分類や予測といったタスクを実行するために必要な「特徴」を決めるための手間やコストが課題となっていました。

人間であれば、とくに意識することなく、ものを識別するために必要となる特徴を見いだすことができます。たとえば赤いリンゴと青リンゴを識別したい場合には、色の情報を特徴として見いだします。しかし、ディープラーニングを除く「従来型」の機械学習技術の場合、こうした識別に利用すべき特徴を自分では抽出できませんでした。このため、事前に色情報を特徴として識別するように人間が指示する必要があったのです。

この人手を介す点が、複雑な対象を認識させるシステムを作る上でネックになります。たとえば人間の顔を識別させるには、「目」や「口」の形状のような低レベルの特徴だけでなく、「目と口の配置の関連」といった高レベルの特徴も利用することを、ＡＩにあらかじめ教える必要があります。さらに複雑なタスクでは適切な特徴を教えること自体が難しくなり、機械学習の性能が頭打ちになってしまいました。性能を上げるには開発・運用コストが大きくなってしまうのです。

このような従来型の機械学習の課題を克服すると期待されているのが、ディープラーニングです。ディープラーニングの場合、タスクの実行に必要となる特徴を、ＡＩが大量データから自動的に抽出します。つまり人間が注目すべき特徴を決める必要はなく、大量のデータを用意すればよいのです。特徴はデータから学習する過程でＡＩが見つけ出します。

このようなデータから特徴を学習する仕組みは「表現学習」と呼ばれています。表現学習によって、従来型の機械学習がぶつかった限界を超えられるのではないかと期待が高まっているのです。

図表1－1　ディープラーニング（深層学習）の動作

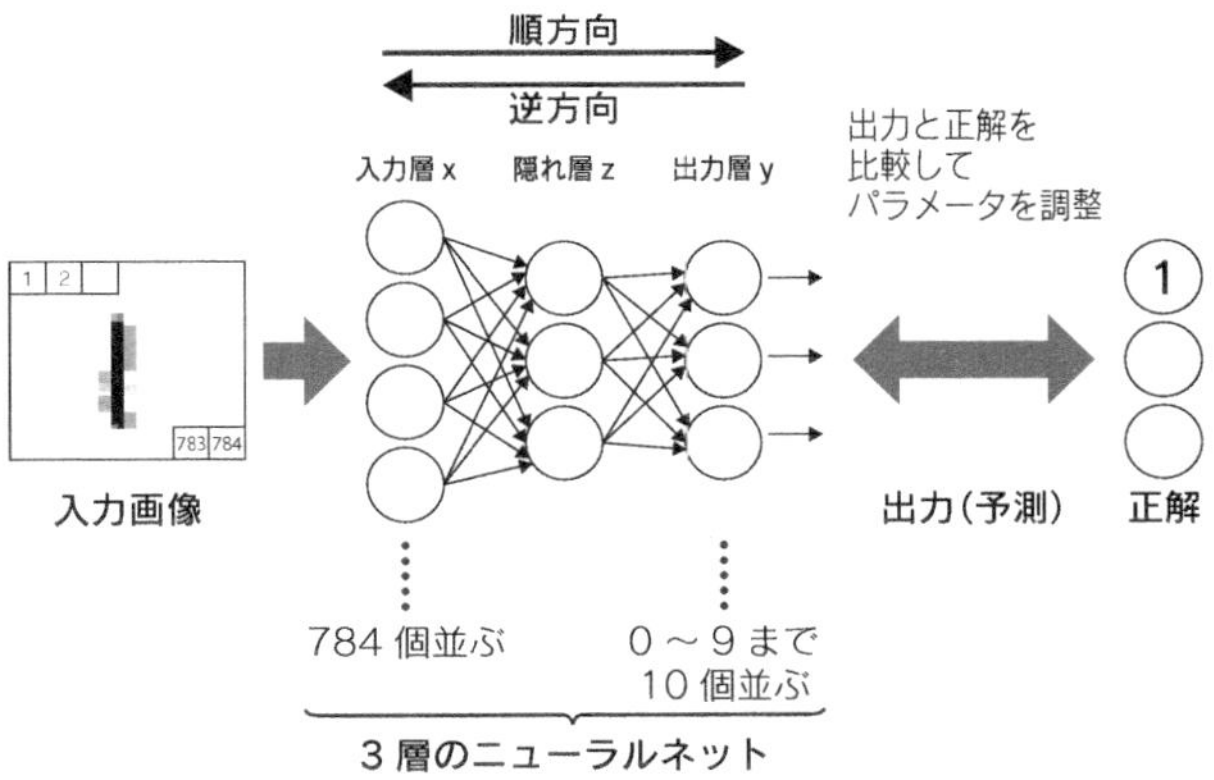

（出所）野村総合研究所

脳の神経回路の構造を模倣

それでは、ディープラーニングの基本的な仕組みを、手書き文字を認識する例で見てみましょう（図表1－1）。

ディープラーニングは、大量のデータを学習するために、人間の脳の神経回路の構造を模倣（モデル化）した情報処理の仕組みである「ニューラルネットワーク」を用います。図のニューラルネットワークは、「入力層」「隠れ層」「出力層」という3層で構成されています。また、学習データは入力データとなる手書きの数字の画像データと、正解データとがセットになっています。

このニューラルネットワークのモデルを学習させるには、まず学習データをピクセル単位に分割した上で、各ピクセル値を入力層に入力します。図では縦28×横28の784ピクセルのデータが入力されます。

入力データを受け取った入力層は、受け取った値に「重みづけ」をした上で、後段にある隠れ層のニューロンに伝達します。

同様に隠れ層の各ニューロンは、各入力層から受け取った「重みづけをされた値」を加算し、その加算結果に「重みづけ」をして後段のニューロンへと伝えます。図のモデルは3層のネットワークのため、隠れ層の後段のニューロンは出力層となっており、出力層のニューロンの出力として文字の認識の予測結果が得られます。

ディープラーニングによる学習は、出力層の値と各入力データに対する正解データが等しくなるように、各ニューロンの入力に対して適切な「重みづけ」の値を算出することに相当します。この「重みづけ」の算出には一般に、正解データとの誤差を出力層から逆方向に伝搬することによって学習精度を高める「誤差逆伝播法」が使われます。

ディープラーニングではこうした「重みづけ」の値を、数多くの学習データに対して計算します。どのような入力データに対しても出力層の値と正解データの値との差が小さくなるように「重みづけ」の値を調整し、学習済みのモデルを作り上げるのです。

アルファ碁はいかにして勝利したのか

では、ディープラーニングなどのＡＩ技術は具体的にどのように使われているのでしょうか。アルファ碁を例に見ていきたいと思います。ディープマインド社は次の３つの機能を駆使してアルファ碁を実現しています。

①次の一手の予測

最初の機能は強い棋士の過去の指し手を学習し予測する機能です。具体的には、オンラインの囲碁サイトのＫＧＳから、六段から九段の対戦記録２９４０万手を学習しました。この学習には、ディープラーニングが使われており、囲碁の盤面を画像として認識し、過去の対戦結果と同じ手が打てるようにアルファ碁を学習させています。その結果、55・４％の精度で人間の強い棋士と同じ手が打てるようになりました。従来、同様の学習をさせたシステムの最高精度が44・４％であったことから、この学習を終えた時点で、従来よりも10％近い改善がされています。ディープラーニングにより、アルファ碁は強い棋士が次にどのような手を打つのかを高い確率で予測できるようになったのです。

②最終局面までの予測

2つ目の機能は、ある局面から最終局面までの打ち手の予想を高速に行う予測機能です。これには、従来からの人工知能の技術である機械学習によって実現しています。先のディープラーニングによる予測は強い棋士の指し手を正確に予測しますが、予測時間がかかるという欠点があります。一方、この予測機能は精度が低いですが、1000倍以上高速に手を予測することが可能です。

③勝率の予測

3つ目の機能は、ある局面の勝率を正確に予測する機能です。この機能を獲得するために、先に獲得した強い棋士の指し手を打てるシステム同士を対戦させ、強化学習という手法により学習させました。強化学習では、勝った場合には良い手を打ったとして加点し、負けた場合はその手を悪い手として減点するというようにシステムを学習させます。勝率を正確に予測する機能を獲得するためには、ある局面から、強化学習によって学んだ手で最終局面まで打って勝敗結果を出します。その際、先の局面を画像として認識させ、強化学習による勝敗結果と同じものを予測する評価関数をディープラーニングによって構築します。

実際の対戦時は、これらの3つの機能を次のように活用します。まず、強い棋士の打ち手から評価の高い手を選び、それを繰り返すことによって打ち手の探索を開始します。評価の高い打ち手がなくなった後は、ある局面から最終局面までの打ち手の予想を高速に行う予測機能を活用して最終局面まで手を打ち、勝率を算出します。それと同時にある局面の勝率を正確に予測する機能も活用し、これら2つの勝率予測を組み合わせることにより盤面を評価し、次の一手を選びます。また、この探索処理を並列して実行することにより、より適切な一手が限られた時間内で選ばれるようになっています。

アルファ碁を実現するために使われている3つの機能は、精度や計算速度に関してそれぞれ異なる特徴を有しています。アルファ碁では、これらをうまく組み合わせた探索アルゴリズムを使用することにより、世界トップレベルの実力を持つプロ棋士を超える大局観を獲得し勝利したのです。

今回の対局を経て、現在のAIに対していくつかの事実が理解できたかと思います。これまで説明した通り、アルファ碁はディープラーニングのみで実現されたわけではありません。従来からある機械学習や第1次ブームで研究されていた探索技術の強化版など多くの技術を組み合わせて構築されているのです。

また、アルファ碁は現在の最高水準のＡＩであり、プロ棋士を超えるような大局観を得たと賞されていますが、その実現方法は人間の知的システムとはまったく異なるものです。当然のことながら、人間のような意識や意志も持ってはいません。真のＡＩを実現するためには、まだ多くの技術開発が必要とされています。

4　どのようにしてディープラーニングは実現されたのか

では、第3次ＡＩブームを牽引するディープラーニングはどのようにして誕生したのでしょうか。ディープラーニングは、新たな技術的手法、膨大な計算リソース、そしてビッグデータの3つが整ってはじめて実現したのです。以下では、これらの3つの要素がどのような経緯で利用可能となったのかを紹介します。

ディープラーニングの誕生

脳の構造を模したＡＩの研究は1940年代に始まっていました。なかでも1957年に米国の心理学者フランク・ローゼンブラットが考案したパーセプトロンは、入力層と出力層のみから構成される単純なニューラルネットワークでしたが、学習や予測ができることから注目を集めました。しかし1969年に人工知能学者マービン・ミンスキーらによって、単純なニューラルネットワークでは、線形分離可能なものしか学習できないことが指摘されたことによって研究は下火になりました。線形分離可能とは、たとえば平面上に存在しているいくつかの群を分類する際に、1本の直線だけを境界線として分類できるような群の分布に対してのみ適用可能であることを意味します。そのため、平面の対角線上の相対する領域に同じ群がある場合や、曲線でないと分離できないような複雑な分布に対しては単純なパーセプトロンは利用できないことが証明されてしまったのです。

この問題はその後、入力層と出力層のみの単純なパーセプトロンの間に新たな隠れ層を追加することにより解決できることが判明しました。さらに、1986年に隠れ層を持つニューラルネットを高速に学習する「誤差逆伝播法」と呼ばれる手法がアメリカの心理学者デビッド・ラメルハートらによって発見されると、ニューラルネットワークの研究は再びブームになりました。しかし多層のニューラルネットワークの学習精度の向上がなかなか進まなかったため、ニューラルネットワークの研究は再び下火になってしまったのです。その後、現在のディープラーニングの技術の原型が作られたのは２００６年ですが、それまでの道のりは決して平坦なものではありませんでした。

現在のディープラーニング技術の立役者であるヒントン教授が、イギリスのケンブリッジ大学や米国のカーネギーメロン大学での経歴を経てカナダのトロント大学に移籍したのは１９８７年のことです。ヒントン教授がトロント大学に移籍した理由のひとつに、カナダ先端研究機構（ＣＩＦＡＲ）の支援がありました。しかし、１９９０年代の前半からニューラルネットワークの分野の研究に対する風当たりは厳しくなり、１９９０年代の半ばにはＣＩＦＡＲの支援も打ち切られていました。当時、ニューラルネットワークに関する研究は学会での論文発表もなかなか受理されず、優秀な学生を研究室に入れることも難しい状態だったのです。多くの研究者たちがニューラルネットワークの研究に対して否定的だった理由は、ニューラルネットワーク間の接続の重みづけの値の最適化が難しかったことに起因しています。ニューラルネットワークの層数を増やすことによって、学習精度の向上が期待されていましたが、層数の増加にともなって設定すべきパラメータの数が増え、最適な値を求めることが難しくなってしまったのです。また、機械学習の分野では１９９０年代前半にサポートベクターマシンという機械学習手法の改善が進み、線形分離不可能な問題に対しても優れた性能を発揮するようになったことも、ニューラルネットワークの研究者たちに対して不利に働きました。

この状況に変化がおとずれたのは２００４年のことです。ＣＩＦＡＲが再びトロント大学のヒントン教授らの研究に対する支援を始めたのです。ＣＩＦＡＲの支援は年40万カナダドルという決して大きな額ではありませんでした。しかし、この支援によって現在のディープラーニングの技術の基礎を作ったモントリオール大学のヨシュア・ベンジオ教授、ニューヨーク大学のヤン・ルカン教授、スタンフォード大学のアンドリュー・ン教授などからなるプロジェクトチームの研究が大きく前進したのです。

ＣＩＦＡＲの支援を受けてから2年後の２００６年にヒントン教授らのプロジェクトはオートエンコーダという手法を開発しました。オートエンコーダとはニューラルネットワークの入力層と出力層に同じデータを使い、隠れ層と呼ぶ層をその間に設け、ニューラルネットワークの間の重みづけのパラメータを調整する手法です。隠れ層は、両側の層よりも少ない数の人工ニューロンで構成します。そのため、隠れ層でいったん情報が圧縮されたにもかかわらず、入力層と同じ情報を出力層に出すようニューラルネットワーク内部のパラメータを設定できたならば、そのニューラルネットワークは入力されたデータの特徴を良くとらえたと考えることができます。これは従来の機械学習手法では人によってなされていた特徴の抽出作業を、ニューラルネットワーク自身が実現できたことを意味します。

オートエンコーダは、ニューラルネットワークの実現手法における大きなブレイクスルーとなりました。オートエンコーダを利用して得られたニューラルネットワークの重みづけの値を使って初期化した後に「誤差逆伝播法」を適用することにより、多層のニューラルネットワークの学習が高精度にできるようになったのです。

ディープラーニングの処理を加速したGPU

今日のディープラーニングの技術の実現に欠かせないのがGraphics Processing Unit（GPU）の存在です。GPUとは、もともとコンピュータの画像表示を高速化するための演算装置でしたが、数値演算の性能の高さから近年ではディープラーニングのみならずスーパーコンピュータにも活用されています。

ディープラーニングなどの機械学習におけるGPUの活用は、2000年代の前半から研究されていました。しかし、当時はGPUを利用したソフトウェア開発環境も整備されておらず、またGPUも科学技術計算で一般的に利用される倍精度の浮動小数点の演算をサポートしていませんでした。そのため、機械学習分野へのＧＰＵの適用は限定的でした。

２０００年代後半になると、ＧＰＵの有する高い演算性能を画像表示以外の分野に活用しようとする動きが活発化してきます。ＧＰＵを汎用コンピューティング向けに活用するための技術はＧＰＧＰＵ（General-Purpose computing on Graphics Processing Units）と呼ばれるようになり、研究者の間での認知も拡大していました。当時、ＧＰＵを開発していた主なベンダーとしては、２００６年にＡＭＤに買収されたＡＴＩテクノロジーズとエヌビディアの2社がありましたが、エヌビディアは開発環境の整備に力をいれており、２００７年にＣＵＤＡ（Compute Unified Device Architecture）と呼ばれるＧＰＵ向けの開発環境の提供を開始しています。

スーパーコンピュータの分野では、２００８年に東京工業大学の開発した「ＴＳＵＢＡＭＥ1.2」というスーパーコンピュータが、ＧＰＵをベースにしたスーパーコンピュータとしては世界ではじめて、トップ５００の上位にランクインしています。また、ＡＩ研究の分野でも、この頃から大規模なＧＰＵシステムを活用したディープラーニングの研究が進められるようになりました。

２０１２年、グーグルの人工知能部門であるグーグル・ブレインとスタンフォード大学はユーチューブにアップロードされている動画からランダムに取り出した画像を1000万枚用意し、ディープラーニングによる学習を行いました。3日間にわたって学習した結果、人間の顔、猫の顔、人間の体の写真に反応する人工ニューロンができたのです。この結果は一般のメディアでも多くとりあげられ、「グーグルの猫」としてディープラーニングの有効性を喧伝する実験結果として広く知られるようになりました。

この学習には、グーグルが保有するサーバを利用しましたが、そのシステムは1台に8コアのCPUを2個搭載したサーバを1000台も利用した大規模なものです。ちなみにこのシステムの価格はおよそ500万ドル、ピーク時の消費電力は600kWに達しました。

このような大規模なシステムを利用できる研究者は限られています。そのため、2013年に、エヌビディア社のブライアン・カタンザーロとスタンフォード大学のアンドリュー・ン教授のチームが同等の計算能力を有するシステムをGPUによって構築する実験を行いました。その結果、たった3台のGPUサーバで同等の性能を得られることが分かったのです。この時に使用した各GPUサーバには、2個のGPUを実装したカードが2枚搭載されており、システム全体では12基のGPUが利用されました。このシステムはトータル性能でグーグル・ブレインのシステムを上回っただけでなく、価格や消費電力は100分の1以下で実現されたのです。

ＧＰＵがディープラーニングに活用できるようになった結果、計算時間の短縮が可能となり大規模なニューラルネットワークの学習が妥当な時間内に実現できるようになったのです。

ビッグデータが機械学習を実現に導く

現在の機械学習を基礎とするＡＩを実現する上で欠かせないものがビッグデータです。ビッグデータという言葉の定義は必ずしも明確ではありませんが、ここでは『ビッグデータの衝撃』（城田真琴著、東洋経済新報社刊）にならい、「ビッグデータとは３Ｖ（Volume/Variety/Velocity）の面で管理が困難なデータ、および、それらを蓄積・処理・分析するための技術、さらに、それらのデータを分析し、有用な意味や洞察を引き出せる人材や組織を含む包括的な概念である」としておきます。

３Ｖとは、ビッグデータのデータとしての特徴です。Volume はデータのサイズが大きいこと。Variety は、データの種類の多様性、Velocity は、データの発生頻度や更新頻度などの速さを意味しています。また、蓄積・処理・分析するための技術とは、大規模データの分散処理フレームワークである「ハドゥープ（Hadoop）」や、拡張性に優れたＮｏＳＱＬデータベース、さらには機械学習や統計解析などを指しています。また、データを分析し、有用な意味や洞察を引き出せる人材や組織とは、現在、欧米で引く手あまたとなっている「データサイエンティスト」やビッグデータを有効に活用できる組織のあり方などを意味します。

機械学習にはいくつかの分類がありますが、ディープラーニングで現在もっとも良く利用されている物体認識などに使われたのが、教師つき学習と呼ばれるタイプの機械学習です。教師つき学習には、認識または識別したい画像のデータと、教師データとしての各画像に対する正解のラベルが必要となります。そして教師つきの学習で認識率を高めるためには、このラベル付きのデータが大量に必要になります。

今日では、ソーシャルネットに存在する大量の画像やテキストなど多様なデータが容易に入手可能となっています。機械学習は、まさにビッグデータの存在を前提としてはじめて成立する技術なのです。

イメージネットプロジェクト

では、次にビッグデータの存在が現在のディープラーニングのブームにどのように貢献したのかを具体的に見ていきたいと思います。

スタンフォード大でコンピュータビジョン研究室を率いるフェイフェイ・リー教授は、機械学習の精度を向上させるためにビッグデータを活用するという、先駆的な研究を推進した研究者の1人です。

今でこそ、機械学習にビッグデータを適用することはあたりまえのことですが、彼女がImageNet（イメージネット）と呼ばれる機械学習用の学習データ構築プロジェクトを開始した2007年当時は、きわめて特異な取り組みだったのです。学術・エンターテインメント・デザインなどさまざまな分野のキーパーソンがプレゼンテーションを行うTED（Technology Entertainment Design）カンファレンスにおける彼女の講演では、研究資金がまったく集まらず、同僚の研究者に「将来のためにもう少し有用なことをした方がいい」とアドバイスされたことや、イメージネットプロジェクトの資金調達のために「学生の時やっていたクリーニング店をまた開こうか」と学生に冗談で言ったという逸話が語られています。

イメージネットプロジェクトは、インターネットから10億枚近い画像をダウンロードし、アマゾン・メカニカル・タークというクラウドソーシングサービスを活用して167カ国の5万人近い作業者を使ってラベル付けをしました。その結果、2009年にイメージネットプロジェクトは、1420万枚の画像を2万2000のカテゴリに分類したデータベースを完成させたのです。

イメージネットプロジェクトは、こうして構築したラベル付きの画像データベースを使ったコンテストを2010年から開催しています。そのコンテストが先に紹介したディープラーニングの性能を世界に示したILSVRCというコンテストです。プロジェクト開始当時は、まったく周囲の理解を得られなかったイメージネットプロジェクトでしたが、2006年頃から進展したディープラーニングの研究と相まって、2012年にAIの新しい姿を世に知らしめることに大いに貢献したのです。


2012年以降、ディープラーニングの誕生に貢献した主要な研究者の多くがグーグルなどのインターネット企業に移籍しました。

カナダのトロント大学のジェフリー・ヒントン氏はグーグルに、ニューヨーク大学のヤン・ルカン氏はフェイスブックに、スタンフォード大学のアンドリュー・ン氏は中国の検索大手、百度《バイドゥ》に、そしてスタンフォード大学のフェイフェイ・リー教授はグーグルへ移籍しました。

彼らの多くは、割り当てる時間は減ったものの大学での仕事も続けています。

少ない資金と不屈の精神でディープラーニングの研究に向かい合ってきた彼らが、巨大な計算インフラとビッグデータを保有するインターネット企業に移籍したことは、現在のＡＩの研究環境が、この数年の間に大きく進化したことによるものなのかもしれません。

第2章

AIでこんなこともできるようになった

1　3つの適用領域——成熟度には差がある

AIの適用領域には、音声認識、画像認識、自然言語処理の主に3つがあります。第3次AIブームの中で各領域の研究に大きなインパクトを与えているものはディープラーニングで共通していますが、各領域の成熟度には差があります。野村総合研究所では、成熟度を測るにあたり、次の3つにレベルを分けることで整理しました。

- 実用レベル……商用サービス化されている
- 研究レベル……実証実験が行われている
- 基礎研究レベル……アルゴリズム、手法が研究段階にとどまる

音声認識に関しては、音声認識の標準的なコンペティション（競技会）であるCHiME（CHiME Speech Separation and Recognition Challenge）において人間と同等の認識率があるとされています。CHiMEとは、実際の生活環境下での音声認識について評価する国際的

音声認識コンテストのことで、雑音の多い街頭での音声認識など、毎回さまざまな問題設定が行われ、コンテストが開催されてきました。２０１６年までに4回のコンテストが行われ、国際的な研究機関から大学まで世界中の研究者が参加しています。２０１５年に開催された第3回では、日本のＮＴＴの研究グループが優勝しています。音声認識は、CHiME などを通じ継続的な研究が続けられてはいるものの、すでに人並みの認識精度となり、アップル、グーグル、アマゾンなどから日常生活で活用できるサービスが提供されていることから、実用レベルにあると判断できます。

画像認識に関しては、第1章でも触れた画像認識のコンペティションであるＩＬＳＶＲＣにおいて、一般物体認識では人と同等の認識率を示していますが、動画に対する認識精度は、まだ人には及ばず、さまざまなアルゴリズムがテストされています。とくに、自動運転技術開発の中での活用が画像認識分野の研究全体を牽引しているといってもよい状況にあり、実用化に近い技術開発が進んでいます。以上から、画像認識は、研究レベルと実用レベルの間にあるといえます。

自然言語処理に関しては、音声認識や画像認識とは状況が一変します。市販されているカーナビゲーションシステムによっては、人との会話により目的地の設定などができますが、これは利用シーンが限られているからです。会話ルールを事前に想定することができ、人手によって作り上げているにすぎません。つまり、人が会話シナリオを書いているにすぎず、人の会話を理解できているわけではないのです。自然言語処理は、翻訳作業など特定の作業で活用されるシーンも増えています。しかし、接客で人並みの会話をするのは難しく、現在もなお新たなアルゴリズムが考案され研究が続けられています。以上から、自然言語処理は、目的とする作業によって成熟度は大きく異なるものの、その多くは基礎研究レベルにあると考えられます。

本章では、適用領域ごとに現在の成熟度を念頭に、その具体的な事例を挙げ、現在何ができるようになっているのかを説明していきたいと思います。

2　Ｓｉｒｉの登場により音声認識が一般化

音声認識の研究はコンピュータの歴史といってもよいほど古く、１９７０年代にはすでに始まっていました。しかし、なかなか本格的普及には至りませんでした。その転機となったのは、２０１１年にアップルがｉＰｈｏｎｅに搭載した音声エージェントＳｉｒｉの登場と考えられます。Ｓｉｒｉは、ユーザーと音声によって会話ができ、雑談を楽しんだりメモを取ったりすることが可能です。Ｓｉｒｉは、「未来」を感じさせるサービスとして世の中にとらえられ、ｉＰｈｏｎｅを購入する理由の1つともなりました。

Ｓｉｒｉの誕生秘話

ここでＳｉｒｉがどのようにして生まれたのかについて触れたいと思います。Ｓｉｒｉは、アップルによって開発されたものではなく、Siri, inc. というまったく別の会社によって開発されていたものです。元々、Ｓｉｒｉは、２０１０年2月にアップルのアプリケーション配信サイト App Store で音声アシスタントアプリケーションとしてリリースされました。自分専用の秘書として、好みのレストランを聞いたり、天気を尋ねたりすることができました。サービス開始後まもなく、アップルの社長であるスティーブ・ジョブズの目にとまり、わずか2カ月後の２０１０年4月にはアップルによる買収のニュースが出ました。Siri, inc. の創業者であったアダム・チェイヤーが、のちに行った講演の中で、App Store にアプリをリリースした2週間後には、ジョブズから自宅へ招待されたと語っています。それほど、ジョブスにとっては魅力的なサービスで、是非とも手に入れたい機能であったと推測できます。

では、このSiri, inc. はいかにして、アップルに認められる技術を獲得したのでしょうか。技術的な後ろ盾となったのは、米国スタンフォード大学が1946年に非営利科学研究機関として設立したSRI（Stanford Research Institute）の流れを組む SRI International です。Siri, inc. の歴史は、2007年12月、iPhoneが世に登場した年にSRIから独立したことに始まります。しかし、Siriの元になった技術は、さらにさかのぼること4年、DARPA（Defense Advanced Research Projects Agency、米国防高等研究計画局）が、2003年から1億5000万ドルもの巨費を投じたプロジェクトに由来します。そのプロジェクトは、CALO（Cognitive Assistant that Learns and Organizes）というAIに関する開発をするもので、60以上の大学や研究機関が参加し、主にバーチャルエージェントと呼ばれる技術の開発を行いました。バーチャルエージェントとは、人間と同様に会話によってやり取りすることができ、秘書のようにスケジュール管理を行ったり、質問に答えたりすることで、人の支援をするソフトウェアです。つまりは、現在のSiriのアイデアそのものだったといえます。このアイデアは、アップルとは数奇な運命にありました。1987年、アップルの社長だったジョン・スカリーは、キーノート「The Knowledge Navigator Video」において、Siriを彷彿とさせるアイデアに触れています。そして、なんとその登場を予言していたかのように、そのキーノート向けに作られたビデオの中のカレンダーは、アップルがＳｉｒｉをＯＳに組み込み世にリリースすることになる２０１１年12月の２週間前を指していました。

Ｓｉｒｉの価値は「執事」機能にまで拡張した点にある

Ｓｉｒｉは、バーチャルエージェントの一種といえ、人と会話することで情報を伝えたり、音声によってスマートフォンを操作したりする質問応答システムです。ｉＰｈｏｎｅを持ってさえいれば、音声を使ってちょっと気になることをメモすることができ、メールを送ることもできます。テレビコマーシャルで頻繁にＳｉｒｉを使ったシーンが登場し、多くの人がスマートフォン（機械）と会話によって情報をやり取りする面白さに気づきました。

Ｓｉｒｉのサービスは、一問一答の質問形式をとり、次のような仕組みになっています。相手の発した音をテキストに変える音声認識、テキストから相手の目的を推測する意味理解、意味に合わせたテキストを作り出す解答生成、そして再びテキストを音声に変える音声合成により作られています。

Ｓｉｒｉは、クラウドサービスであり、インターネットに接続されていることが前提となっています。クラウドとなっていることで音声認識の改善に必要な音声データは、Ｓｉｒｉを使ったユーザーから容易に得ることができます。その結果、Ｓｉｒｉの音声認識の精度は、サービス開始当初と比べ格段に改善しています。２０１５年のアップルの年次カンファレンスでは、音声認識時の単語誤り率が5％となったことが発表されました。Ｓｉｒｉの認識精度に関する２０１５年以前のデータは公開されていませんが、これは同じく音声認識サービスでしのぎを削っているグーグルが２０１３年当時に23％の誤り率であったことと比較すると、わずか数年で劇的に認識精度をあげたと推測できます。

Ｓｉｒｉの役割は、音声認識した結果をテキストに変換するにとどまりません。Ｓｉｒｉは、スマートフォンのオペレーティングシステム（基盤機能）と統合されることで、メールを送れといった「作業」を自然言語処理により可能としています。たとえば、出張先で朝寝坊しないようにアラームを設定するのも、Ｓｉｒｉとの会話を通して可能になります。つまり、Ｓｉｒｉは、たんなるキーボードの代わりというよりも、音声でやりたいことを指示通り作業してくれる「執事」のように振る舞います。ただし、可能な作業にも限りがあり、事前に用意したシナリオに組み込まれた作業ができるにすぎません。しかし、Ｓｉｒｉの価値は、音声によって検索やメールができるようになったことよりも、限られた人のものであった音声認識技術や自然言語処理技術を身近なものとし、生活を豊かにする可能性があることを一般に広めたことにあるのではないでしょうか。

アマゾン・エコーの登場――音声ビジネスの拡大

２０１５年6月、アマゾンが新たな家庭向けデバイスとして、縦置きのスピーカー型端末のアマゾン・エコーを米国で一般発売しました。エコーは、同社のサービスからダウンロードした音楽を聞いたり、過去に購入した商品の再購入ができ、ちょっとした天気や株価を聞いたりする機能が備わっています。同じく音声認識を使ったサービスであるＳｉｒｉに似ていますが、実際に使ってみると、エコーはスマートフォンなどのデバイスというよりも、どことなく実体感があり、ロボットに近い印象があります。

エコーがロボットのように感じられる最大の理由は、遠隔音声認識にあります。従来、音声認識というと専用のマイクを口元にあてるか、マイクのある場所から1メートル以内に近づかないと音声を認識することは困難でした。話しかける向きもマイクのある方向を向いていることが望ましく、そうでないと正確に認識することが困難でした。一方で、エコーの持つ音声認識機能は、実に数メートル離れた場所からも正確に認識できます。スイッチをオン

アマゾン・エコーの存在はまるでそこに人がいるかのよう

にするにも音声で呼びかけるだけで可能なので、リビングとキッチンがつながったタイプの間取りの家であれば、キッチンで料理中でもリビングにいるエコーにニュースや料理のレシピを聞くことができます。この感覚に近いのは、1階で夕食の準備をしている最中に、子供に対して、あと10分ぐらいで料理ができるから2階から降りてくるように呼びかけて、子供から「わかった」と返されるというシチュエーションです。また、エコーが発する声はリアルであるものの、未来の宇宙を舞台にした映画に出てくるホログラムでできたキャラクターが発する声のように仕上がっています。遠隔音声認識とこの声色により、エコーはロボットのように体はなくとも、擬人化され、そこに人がいるかのような存在感を与えることに成功しています。

エコーの肝である、音声認識エンジン、および自然言語処理エンジンがアレクサと呼ばれるアマゾンのサービスです。アマゾンは、サービスを開発するための仕様を公開し、アレクサを使ったサービスの開発をアマゾン以外の会社にも積極的に薦めています。また、アレクサのサービスを使ったデバイスの開発も他の電機メーカーに許しており、２０１７年には、アレクサ対応の冷蔵庫など電化製品の計画が多数発表されました。Ｓｉｒｉに始まった音声利用の大衆化が、エコーやアレクサの登場によって、一気に進む可能性が生まれたのです。

３　画像認識の進展は自動運転技術から

グーグルカー──現実味を帯び始めた自動運転

２００７年、突然の発表に自動車業界が騒然となりました。インターネット企業であるグーグルが自動運転技術の開発を発表したからです。グーグルが開発した自動運転技術は、それまで開発されてきた方式とは大きく異なっていました。従来の技術が前提としていたＩＴＳ（Intelligent Transport Systems：高度道路交通システム）を用いておらず、グーグルマップで蓄積したデータによる高精度な地図とライダーと呼ばれる赤外線レーザースキャナーを用いた測位技術と、車の位置を推定する確率ロボティクス論によるものだったのです。高精度な地図とはセンチメートル単位の位置精度を持ち、たとえば複数ある車線のどのレーンを走行しているのかまで判別可能なものです。同社がグーグルマップのサービスを2005年から開始し、膨大なデータを集め続けていたことから推測すると、高精度な地図を持っていても何ら疑問はありません。

一方、高精度地図上で実際の自動車の位置を推定するために用いられた確率ロボティクス論は、グーグルカーの開発者であったセバスチャン・スランが研究の第一人者といえ、2000年頃に急速に研究が進んだものです。実際の走行車とGPSなどの計器類や車線とのズレを計算式によって推測し、自らの位置を把握します。つまり、事前に用意した高精度な地図のどの位置に自分がいるのかを常に推定しながら走行しているのです。

セバスチャン・スランは、元々、米国スタンフォード大学の教授でした。2005年にDARPAによって開催された、自動運転車による砂漠を舞台にしたカーレース「DARPA Grand Challenge」で、彼のチームは見事に優勝しました。そのとき優勝した車は「Stanley」という名前がつけられており、その時の活動についてはスランの論文としてまとめられ、車は米国のスミソニアン博物館に納められ、輝かしい歴史の1つとして大切に保存されています。Grand Challenge は、砂漠で行われたため、歩行者や信号機を想定せず、あくまでコースアウトや先行車および並走車との接触回避、砂漠の中にある岩などの障害物を避けられるかにポイントが置かれていました。一見すると容易に思えますが、2004年にも同じ条件下でレースを開催した時には、ゴールする車は1台もなく、240キロあるコースのわずかに12キロを走るのがやっとという状況でした。いかにStanley の業績が偉大であったかがわかります。

DARPAによるチャレンジは、その後、次のステップに進むことになります。2007年には、「DARPA Urban Challenge」が開催されました。市街地を想定した自動走行車によるレースであり、交差点の通行、駐車といった、より実践的な内容になっていました。このチャレンジで優勝したのはGMとカーネギーメロン大学の合同チーム、そして2位はスランでした。スランはその後、スタンフォードを離れてグーグルに入社し、グーグルカーとして自動運転車の開発をさらに推し進めることになります。

ディープラーニングによる画像認識技術の活用

グーグルが自動運転の公道での実験を始めると、その特異な姿からすぐに話題になりました。しかし、いくらライダーなどのセンサーと高精度地図から走行中のレーンが正確に推定できたとしても、標識や駐車中の車、歩行中の人など、無数の物体を認識して走行しなければなりません。とくに物体認識のルールを1つひとつ人手で用意していくのは限界がありました。そこで、このルールを人手で作るのではなく、データからルールを作ることができないかと始まったのが、ディープラーニングによる画像認識技術の活用です。

ディープラーニングの登場により、物体認識をする際の対象物の特徴を、人手ではなくAIによってとらえることが可能となりました。この一例として、高精度地図が整備されていないエリアであっても、走行中にセンサーから得たリアルタイムの情報により、車線を把握することができるようになり、自動走行の夢に一歩近づきました。

自動運転を実現するための武器にディープラーニングが加わり、自動運転にとって難関であった物体認識の問題をクリアする目処が立ちました。グーグルは、実際の車を使った走行試験を進める一方で、コンピュータシミュレーションを使った走行試験を進めています。

2016年1月に公開されたグーグルの報告書によると、毎日480万キロに及ぶシミュレーションを繰り返しています。地球を日々100周以上まわる距離と考えると、いかに膨大なシミュレーションをしているかが理解できます。時間や天候条件の異なる環境下や道路状況が異なる場所において、実際の走行とシミュレーションを繰り返すことで、物体の認識精度や走行ルールはさらに改善していくでしょう。

4　自然言語処理も驚異的なスピードで進化

機械翻訳の苦悩

コンピュータによって、たとえば英語から日本語のようにある言語から他の言語に翻訳することを機械翻訳といいます。機械翻訳は、自然言語処理の応用の1つで、音声認識と並び、長らく研究が続けられてきました。機械翻訳には主に2つの方式があります。

1つは対象とする言語間の辞書と文法の特徴を人が解析し、規則として落とし込んだルールベース機械翻訳です。歴史も長く、実際に多数の商用ツールの中で採用されています。しかし、言語の専門家のサポートを受けながら、一般に膨大なルールを人手によりメンテナンスする必要があり、コストがかかる傾向があります。また、新たな言語に対応するためには、すでに対応している言語と同じだけのルールを改めて用意せねばならず、多言語化は簡単ではありませんでした。

もう1つは、統計的機械翻訳と呼ばれる方式で、対訳文を学習した翻訳モデルと、翻訳先の言語の語順を学んだ言語モデルから構成されています。たとえば、"I am from Japan." という英文を翻訳する場合、翻訳モデルは「私は日本からです」というように各単語の訳としては正しいですが、日本語としては不自然な翻訳候補の文を作り出します。言語モデルは、こうした文から「私は日本出身です」という日本語らしい翻訳文を生成します。

この手法は、インターネットが登場し、対となる翻訳データが以前と比べ手軽に入手しやすくなったことや、コンピュータの技術革新により膨大なデータを扱うことが可能となったことで2000年代以降、注目を集めている技術です。たとえば金融領域、医療領域など特定の領域に特化したデータを集めて学習したモデルを作り上げることで、業界特有の言い回しや意味に即した翻訳ができます。また、文法などの厳密なルールに縛られているわけではないため、学習に用意するデータ次第では、とくに話し言葉で起こりやすい構文間違いがある文章にも適用可能です。

2つの方式を比較すると、ルールベース機械翻訳は人がロジックを作り上げていくため、誤った翻訳の原因を1つひとつ突き止めて改善することが可能ですが、統計的機械翻訳は、与えられた学習データの何が原因で誤ったのかを厳密に突き止めるのが難しいという欠点を持ちます。一方で、ルールベース機械翻訳が翻訳元と翻訳先の言語のペアとなるルールを1つひとつ作り上げていく必要があるのに対し、統計的機械翻訳ではペアとなる翻訳データさえあれば、そのデータを使って同様のモデルを作り上げることができるため、複数の言語への拡張が比較的容易であるという利点を持っています。

肝心の機械翻訳全般の精度ですが、ルールベース機械翻訳や統計的機械翻訳以外にも機械翻訳の手法はいくつも考案され試行錯誤が繰り返されてきました。しかし、常に人並みの精度にはまだまだ及びませんでした。このため、実際のビジネスでの利用では、少し違和感のある訳となってもよいシーンか、はじめから機械翻訳された結果を人が修正することを前提として利用するにとどまっていました。

機械翻訳の精度が人並みに近づく――ニューラル機械翻訳の登場

地道に改良を続けている機械翻訳ですが、人並みの翻訳精度になるまでには、まだまだ時間がかかると思われていました。その状況を変えたのは、2016年にグーグルが自社の翻訳サービスで実装したニューラル機械翻訳と呼ばれる技術の登場です。

グーグルはこの技術により翻訳時の誤り率を、ほぼ人並みに抑えることに成功しました。この評価テストは、翻訳研究で用いられる手法をグーグルが独自にアレンジしたものです。新手法であるニューラル機械翻訳と、従来からグーグル翻訳で用いられていた統計的機械翻訳の手法の1つであるフレーズベース翻訳を比較し、「6」（完璧）から「0」（まったくの誤り）までの7段階で評価しました。

ベンチマークとされた人は、翻訳対象となった元の言語と先の言語の両方に流暢な人となっており、翻訳のプロフェッショナルかどうかは厳密にはわかりません。しかし、従来からグーグルが用いていたフレーズベース翻訳では、英語からスペイン語という同じヨーロッパ語族に属す言語で4・885ポイント（両言語に流暢な人によるものでは、5・504）、英語から中国語という異なる語族の間では、4・035（同4・987）となり、人と比べ0・5ポイントから1ポイントに及ぶ差があり、まだまだ改善が必要な状況でした。それに対し新手法であるニューラル機械翻訳では、英語からスペイン語で、5・428ポイント、英語から中国語で4・594ポイントと、いきなり人並みにまで精度を高めることに成功したのです。

ニューラル機械翻訳は、その名の通りニューラルネットワーク（神経回路）を用いた機械翻訳の手法の1つで、ディープラーニングを用いて開発されました。とくに精度向上に寄与したと思われるのが、アテンションモデルと呼ばれる新たな機能を取り入れた点です。アテンションモデルとは、私たちが普段、英語から日本語に翻訳する際に、とくに長文の英文を見て、文のどこから翻訳すると意味を正しくとらえて翻訳できるのか、対象となる文節を決めていく作業に似ています。この順番が正しくないと、意味を取り違えたり、何度も意味を訂正したりする必要が生まれてしまいます。

また、学習に用いられたデータには、グーグルが世界中から集めたデータが使われています。具体的には、パラレルコーパスと呼ばれる、英語とスペイン語など対となる言語の間で同じ意味を指す文、もしくは文章のデータです。ただし、集めることができるデータは、言語によってまちまちであることが推測され、英語とスペイン語などでは良好な結果が出たとしても、同様の成果が、英語と日本語で保証されるわけではありません。

また、ニューラル機械翻訳は従来の手法よりも精度が向上したという点もさることながら、興味深い現象も生んでいます。それが、共通意味表現（interlingua）の獲得です。たとえば、英語と日本語の間の翻訳と英語とフランス語の間の翻訳のみを学ばせた機械翻訳モデルで、まだ学習していない日本語とフランス語の間の翻訳を実現できれば、モデルが言語の持つ、ある種、共通表現をとらえていると考えることもできます。まるで、人が訓練を繰り返すことで最終的に複数の言語を自然と扱えるようになるように、言語に依存しない概念を機械が得たともいえ、面白い成果であるといえます。

グーグルがサービス化に成功したニューラル機械翻訳は、人並みの翻訳精度となるのは時間がかかり、実用化までは長い道のりかと思われていた機械翻訳への考えを一変させました。外国語を苦手とする日本人にとって高品質な翻訳サービスを受けられるメリットは大きく、今後、機械翻訳を使ったサービスが日本で広がる可能性が高まると考えられます。

チャットボットブームの到来

人とテキストメッセージによる会話のやり取りをすることで、あたかも人のように振る舞う「チャットボット」というプログラムがあります。２０１６年には、フェイスブックから「Facebook Messenger Platform」、ＬＩＮＥからは「Messaging API」と立て続けにチャットボット向けのサービスが発表されて注目を集めました。

しかし、チャットボットは決して新しい技術ではありません。第１次ＡＩブームの最中、すでに1960年代にはマサチューセッツ工科大学（MIT）のジョセフ・ワイゼンバウムにより、ELIZA（イライザ）という会話システムが開発されています。ELIZAは、会話を続けることにより治癒を行う精神科医の心理療法をまねたものであり、テキストベースのやり取りによってコンピュータであるELIZAと患者が会話を進める仕組みがチャットボットの原型といえます。ELIZAは、ユーザーからの入力文の一部を引用するなどして会話を続けるように設計され、簡易な仕組みであったものの、ケースによってはまるで人と会話しているかのような場合もありました。しかし、当時の自然言語処理技術は未成熟であったため、違和感のないやり取りを続けることが難しく、この技術がビジネスで幅広く活用されるまでには至りませんでした。その後も、一部のコンピュータ愛好家の間で会話を楽しむトイプログラムとしてチャットプログラムが開発されることはあっても、現在のように大きな注目を集める状況には至りませんでした。

第3次AIブームの中で、改めてチャットボットが注目されているのには2つの理由があります。1つは、自然言語処理技術の進化です。チャットボットも最新のAI技術を取り込み、以前と比べ自然な会話ができるようになりました。もう1つは、人々のコミュニケーション手段が変化したことです。2010年頃からLINEなどのチャットサービスが広まり、すでに日本人の半数以上がアカウントを所有するまでになっています。世界に目を向ければ、Facebook Messenger の月間アクティブユーザー数は10億人を突破し、欧米の10代から20代を中心に利用者の多い WhatsApp もアカウント数は10億人を超えています。独自のインターネット文化を育む中国ではゲームから各種インターネットコミュニケーションサービスまで幅広くサービスを提供するテンセントの WeChat が普及しています。地域や国、年齢ごとに利用されるチャットサービスに違いはあるものの、スマートフォンを所有する人の多くがすでに何らかのチャットサービスを日頃から利用し、チャットサービスは日常生活の一部となりました。このサービスをビジネスで生かすために親和性の高い仕組みが、最新のＡＩ技術を取り込んで会話能力を高めたチャットボットだったのです。

チャットボットが改めて注目される理由

チャットサービスが登場した２０１０年頃、インターネット広告を活用しすでに効果をあげていた企業は、製品情報やクーポンの発行など主に広告メディアとしてチャットサービスに注目し、チャットサービス上に企業アカウントを次々に開設しました。ウェブと比べ、顧客との接点という観点でチャットサービスは見込み客の目に触れる機会が多くなることが予測され、高い広告効果が期待できたのです。しかし、企業が一方的に情報を配信するという「片方向」の活用にとどまり、チャットの本来の特徴である会話のやり取りには至ってはいませんでした。変化が訪れたのは、２０１５年頃です。爆発的に広がったチャットサービスを顧客接点としてさらに高度化したいという企業側のニーズが高まり、企業と顧客が1対1で対話し、たとえば商品提案から販売までを行うという「双方向」の活用が検討され始めました。この中で改めてスポットライトが当たったのが、最新の自然言語処理技術を身につけたチャットボットだったのです。依然として人並みの会話能力には及ばないものの、対話する内容（トピック）や場面（シーン）を絞ることで実用的な会話が可能となっています。

企業は、チャットサービスの出入り口に人の代わりに自社のチャットボットを置くことで、顧客との双方向の会話を実現しようとしています。顧客との新たな接点としてチャットサービスの活用を望む企業の期待値と、現在チャットボットの多くに実装されている自然言語処理技術ができることにはギャップがあり、万能ではありません。しかし、技術の限界を正しく把握することですでに効果をあげている事例は生まれています。

チャットサービスと統合される価値――ヤマト運輸LINE公式アカウント

ヤマト運輸は、荷物の配達状況の確認や再配達の依頼などをチャットサービスのLINEから可能とし、荷物の送り手と受け手の双方に有益なサービスを提供しています。従来から同様のサービスをウェブサイトで運営していましたが、求める情報にたどり着くまでに必要な操作が多く、かつ一般消費者にとって誰でも直感的に利用できるインタフェースとはいえませんでした。ヤマト運輸のチャットボットでは、必要事項を1つひとつ顧客に合わせて確認していきます。間違いや不明な事柄があれば、即座にチャットボットが聞き返し、顧客をサポートします。まさに顧客に寄り添ったインタフェースなのです。また、再配達の依頼時のやり取りから、その後の配達状況の通知までが一連のチャットメッセージ上で確認でき、顧客がわざわざ過去のメールを検索して履歴を追う必要もありません。不在通知も普段使い慣れたLINEであれば、確認漏れも少なくなることが期待できます。この様に、従来から提供していたサービスであったとしても、チャットサービスと統合し、友人と会話する様にやり取りを変えるだけで、使い勝手を向上し顧客の体験を高度化することが可能なのです。

人とチャットボットが互いに協力――Operator

米国のスタートアップ Operator はウーバー・テクノロジーズの共同創業者であるギャレット・キャンプなどが始めた、チャットのみによる小売サービスです。ウーバーは車を所有する人と車を使いたい人とのマッチングによってサービスが作られていますが、Operator は商品知識を持つセミプロのショッパーとその知恵を借りたい人とを結び付けるサービスです。ユーザーからの受付や決済といった定型作業をチャットボットに任せ、商品のおススメを探すという知的作業は人間が行う、「ハイブリッド」のサービスになっています。

Operator のチャットアプリケーションを起動すると、まずは興味のある商品カテゴリ登録の画面になります。たとえば、家具やインテリア、家電製品から結婚式のように、具体的な商品というよりも、これから相談したいイベントも含まれています。その後は、友人とチャットで会話するように、「ヘッドフォンを買いたいのですが？」という具体的にほしい商品に関するリクエストを送ります。すると、対象商品やサービスに詳しいセミプロショッパーとのマッチングがチャットボットによって行われます。その後、引き合わされたショッパーとの間で商品やサービスの提案がチャットボットによって進められるのです。

はじめは、どんな商品が良いのか当たり所をつけるため、提案される商品の中から自分のイメージに近いものを選択することで嗜好をつかんでいきます。ときに写真を織り交ぜながら会話が進められていくため、お洒落なセレクトショップに出かけ、自分の好みを提案される商品の中から探っていく作業に似ています。実店舗では、店員との間合い、お店の混雑状況など、商品を購入するにも必ずしも自分の思い通りに進められるわけではありません。しかしチャットであれば、通勤時間や仕事の合間の時間といったちょっとした隙間時間を使って自分のペースでショッピングできます。またECサイトでは商品が氾濫し、すべての商品に目を通すことが困難になっています。目利きの目にかなった商品が提案されることで、自分の本当の好みの商品に出合ったり、自分だけで探すよりも短時間でほしい商品を見つけることも可能です。

Operatorでは、マッチングを介さず、希望するショッパーと直接会話することもできます。これは、Operatorを過去に利用し、良い商品提案を受けたならばリピートオーダーならぬ、リピートリクエストができる仕組みです。繰り返し商品提案を受けることで、Operator内のセミプロショッパーのファンを作る仕掛けといえます。

Operatorは、チャットボットが受付や決済、配送確認などの単純作業を担い、商品提案などの高度な作業を人が行う、チャットボットと人の良さを生かしたサービスになっています。チャットボットの要素技術である自然言語処理技術は発展途上にあり、会話の目的やシーンを絞ることなしに人並みの会話は依然として容易ではありません。そこで、一連の販売プロセスのすべてをチャットボットに任せることは難しくとも、受付や決済などの一部作業をチャットボットに任せる取り組みは、現在のＡＩ技術に即した堅実な手法といえます。

チャットボットによって業務の中の一部でも切り出して自動化ができれば、すべてを人手に頼る場合よりも、少人数でのサービスの運用が可能となりコスト削減にもつながります。また、配送確認などの作業は人手によるよりもシステムが直接行ったほうがより早く対応できるでしょうし、決済に至っては、カード情報を扱うため、人手の介在がそもそも好ましくなく、チャットボットによるシステム化が望ましいものといえます。将来的には、ウーバーが自動運転車を開発することでドライバーをＡＩに置き換えていくように、Operatorでも ＡＩによりセミプロショッパーを置き換えていくのを予定していると推測されますが、それは、しばらく先の話となるでしょう。

5　AIとロボットの融合

ロボットが自ら学ぶ時代に

AIの進化にともない、ロボットにも大きな変化が起きています。たとえば、音声認識が雑音の多い日常生活の中でもごく普通に使えるようになり、店頭などに置かれて接客のシーンでロボットが使われるのをよく見かけるようになりました。人とロボットとがより自然な手段によってやり取りできるようになることで、自動車工場などで黙々と作業するクールな産業用ロボットとは違った温かみさえ感じます。このような我々の生活環境で使われるロボットは、工場などの生産現場で使われる産業用ロボットと区別し、サービスロボットと呼ばれます。これまでサービスロボットは、介護や設備点検などの専門用途で使われ、街中で見かけることはめったにありませんでした。この状況を一変させたのが、AIだったのです。

しかし、産業用ロボットも例外ではありません。従来、ロボットの制御は、専門のエンジニアが数日から数週間かけて設定し、日々調整を繰り返していました。AIでいえば、あらかじめ与えられたルールによって動作していたにすぎません。それが、最新のディープラーニングなどのＡＩと融合することで、自ら試行錯誤し、作業方法を獲得できるものが登場しています。これにより、熟練工が日々の作業のトライアンドエラーから工夫しているように、ロボットが自ら失敗から学び改善する道が開けようとしています。

産業用ロボットがＡＩによって進化――ファナックの例

ＡＩ技術のロボットへの活用は工場の中へも広がりつつあります。それが産業用ロボット大手ファナックと、日本のＡＩベンチャーのプリファードネットワークスの取り組みです。両社は、産業用ロボットの抱える２つの課題を解決することに照準を当てています。

１つは、ロボットの故障の予見、もう１つは、ロボットの制御にあります。ロボットの突然の故障は工場の生産活動に大きな影響を与え、修理作業員の手当てや部品の手配など復旧に時間を要します。これまでは、耐久年数を超える前の部品であったとしても安全性を考慮し、独自の判断で交換することが一般的でした。これを、たとえば数カ月前に故障の予見を検知できれば、工場をとめることなく必要な部品のみを交換し、メンテナンスコストを抑えることも可能です。ファナックでは、この故障予見の仕組みを、ＡＩに強みを持つプリファードネットワークスと共同で開発しました。

このサービスは、購入先の工場にあるロボットと開発した予見システムとを接続することで実現されていますが、すべての処理を中央のサーバで行うわけではありません。ネットワークの帯域や即時性を考慮すると、ロボットに近いところで検知に必要な処理を行い、稼働状況や障害の兆候の検出のみを中央のサーバで処理したほうが良いといえるからです。このような仕組みは、エッジコンピューティングといわれ、この考え方自体は以前からありました。しかし、エッジで利用できるコンピュータリソースには限りがあり、容易には実現できませんでした。それを見事に実現したものが、ファナックとプリファードネットワークスのシステムだったのです。プリファードネットワークスの開発したディープラーニングを使った予見システムをエッジに導入することにより、ほとんどすべてのデータを有効活用し、故障の予見検知に必要な分析ができるようになりました。

ファナックは、予見システムに加え、産業用ロボットの高度化を目指し、自ら学習し作業を上達する「AI搭載ロボット」ともいえる製品を開発しています。たとえば、このロボットは試行錯誤を繰り返しながら、ばら積みされた物を正確に積み上げる能力を自ら学習して獲得します。従来、ロボットを制御するためには腕の位置の座標を人間が入力したり、熟練者がロボットの腕を動かすなどの微妙な調整をすることで、その動作をルールとして記録していました。こうした従来手法と比較し、「AI搭載ロボット」では、人手による作業負担が劇的に小さくなっています。このロボットには、強化学習と呼ばれる手法が用いられ、ロボットの行動の善し悪しを判定し、それに応じた報酬を与えることにより学習を進めます。ロボットは試行錯誤を繰り返す中で、報酬が多く得られる行動を学習し、やがて最適な動作をするようになるわけです。

強化学習は、AIの手法の1つであり、決して新しい手法ではありませんが、学習に必要なパラメータ数が増えると、学習をうまく進めることができず、あくまで実験室の域を出ないものでした。この課題を解決したのも、ディープラーニングでした。強化学習とディープラーニングを組み合わせた深層強化学習により、従来では困難であった大量のパラメータによる学習が可能となり、実際の生産現場で使われるロボットに対しても活用することができるようになったのです。また、あたかも熟練工が日々の作業の中で改善箇所を見つけて生産性を向上するように、このロボットが導入された後も自ら動作を改善し続けることも可能なのです。

自ら学ぶロボットの誕生は、新たなメリットも生み出そうとしています。それは、人では容易にはなしえない経験の共有による加速度的な進化です。具体的には、工場のラインに設置された同じような作業を行う複数台のロボット同士を接続し、1台が経験した結果を学習データとして共有します。人間では、個々の経験を共有するためには言葉や絵にしなければ容易には共有することはできません。AIでは、日々積み重ねられていく学習結果を共有し生かすことが可能であることを考えると、将来は、まさに工場が1つの頭脳によって最適化され、稼動する未来像が思い浮かびます。

AIの技術が融合することで生活はより便利に

本章では、適用領域ごとの成熟度を整理し、その上で、具体的な事例を取り上げました。今回取り上げた事例は、必ずしも今注目されているディープラーニングによるものばかりではありません。これまでのAI技術の集大成といえるものもあり、たとえばルールベースのAI技術などとうまく組み合わせ、活用シーンを絞ることでAIを生かしています。また、技術としても音声認識、画像認識、自然言語処理と、それぞれ単体で技術を適用するのではなく、音声認識と自然言語処理を組み合わせるなど、実際の活用シーンでは、複数の技術が必要になることが多くあります。この際に、音声認識用エンジン、自然言語処理用エンジンというように、処理を2つのプロセスに分けることが現在の主な実装です。しかし、音声認識と自然言語処理を1つのディープラーニングのニューラルネットワークで行う試みが、すでに始まっています。

モデルを1つに融合することのメリットは、これまで不可能と思われていたことの実現や認識精度の向上です。たとえば、画像データを受け取り、その画像に書かれた内容をテキストで説明することが可能となっています。マイクロソフトは、すでに視聴覚障がい者向けの支援システムでこの仕組みを適用しています。また、エヌビディアは、自動走行車に画像認識と自動車制御という2つの処理を一体化したニューラルネットワークを開発しています。この自動走行車用人工知能ともいえる技術は、カメラで撮影した画像とそれに同期した運転制御の情報を収集し、ディープラーニングの学習データとして利用します。その結果、白線などの明示的な目印がない場合でも、入力画像に対して人間による運転と同じように走行することを可能としています。まさに教習所でベテラン教官の運転を学びとり、実習によって経験を積みドライビング技術を身につけるかのようです。

エヌビディアは、AIによるレース「ロボレース」を計画しています。人が乗らない無人カーによるレースで、フォーミュラワンの電気自動車版であるフォーミュライーの中で開催される予定です。元々、フォーミュラワンでは、早い時期から自動車の車載コンピュータの情報からアクセルやブレーキなどの情報を取得し、車の走行状況を分析することでレースに生かしていました。また、車載カメラによる映像もテレビで放映する際の目玉として記録されています。エンジンカーから電気自動車にかわり、そのまま利用することは容易ではないにしても、往年の名ドライバーや今は亡きアイルトン・セナのようなドライバーのテクニックを学習したＡＩを開発することも可能かもしれません。決して現実の世界では交わることはなかった世代がＡＩにより、時代を超え、同じサーキットで競い合う日も夢ではないのです。

我々の脳は、巨大な神経ネットワークによって構成されているように、ニューラルネットワークも音声認識と画像認識を一気通貫とすることや、運動制御の機能と一体化させることは、自然なことなのかもしれません。処理を2つのニューラルネットワークで分けることで、本来は受け取るべき情報が欠落してしまう可能性もあります。ディープラーニングに関しては、現在もなおさかんな研究が続けられており、3カ月もしないうちに最新の研究成果が過去のものとなることも往々にして起こりえます。今後も、新たな研究成果が生まれるたびに、ＡＩは進化し、我々の生活を便利にしていくのは間違いないでしょう。

第3章　ＡＩが変える社会

先進的企業の中には、すでに最新のＡＩ技術を用いたソリューションの活用を始めている企業が登場しています。本章で紹介する事例の中には、実証実験の段階にあるものも含んでいます。その理由は、これまでのアイデアの延長線にとどまらない少し飛びぬけた事例も紹介することで、10年程度の中長期のスパンで社会がＡＩによってどのような影響を受けるかを考えるためです。残念ながらすべての業種を詳細にカバーすることはかないませんが、少なくとも皆さんの生活や仕事の中で接点をできるだけ持てるように幅広い業種を取り上げるようにしました。早速、先端事例から得られる示唆を一緒に読み解いていきたいと思います。

1　小売業

リアル店舗でロボット店員が登場

米国では、すでに小売店へのロボットの導入が始まっています。その一例がホームセンターなどで接客や在庫確認を担う米国フェロー・ロボットの「ナビー」です。取り扱う商品数が多く、食品スーパーなどと比べて来店頻度が少ないホームセンターでは、商品の陳列場所が必ずしもすぐに見つかるわけではありません。そのため、接客の中でも、とくに商品案内のニーズが高いといえます。

ナビーは、音声によりやり取りができ、自ら商品のある場所まで案内することが可能です。普段は人が歩く程度の速さで店内を動き回ったり、特定のポイントで待ったりしながら、まるで人間の店員が、困った客がいないかを見渡すように、声をかけられる瞬間を待ちます。

ナビーには、画像により人を認識し、認識した相手の会話を拾う機能を持っています。この一見すると簡単に思える「人の認識」機能ですが、実は容易なものではありません。ナビーが働く小売店では、カメラを通して捕らえる人は1人とは限らず、これから接客する適切な相手を絞り込む必要があります。また、家電量販店などでは、映画のポスターや広告など人と思わしきものも多数存在するため、本当に来店客なのかを判断する必要もあります。

店舗の中では、行き交う来店客や従業員との衝突も避けねばならないことは言うまでもなく、販売促進策として急遽設置された特売品の陳列棚も大きな障害となります。このため、ナビーにはグーグルカーにも使われるライダー（第2章で解説）と呼ばれる高精度な近赤外線レーザー装置が搭載され、状況に応じ障害物を回避する機能まで有しています。また、夜間や休業日などに店内をくまなく移動して自ら地図を作り、案内時のルート選択に使うことが可能です。狭い通路で危険がともなってロボットの通行が難しいルートについては、進入しないように設定することもできます。

音声認識、画像認識、衝突回避など、ナビーは、まるでＡＩのデパートともいえるほど多数の機能を組み合わせることで完成したロボットなのです。日本でも会話により接客するロボットの導入が進んでいますが、移動する機能があったとしても使われることは稀です。その理由は、安全面を考慮し不慮の事故を避けたいという思いがあること、そして、コミュニケーションに特化して価格を抑えたがゆえに、ナビーのように高度な衝突回避機能は有していないためです。とくに、進路上の障害物をリアルタイムで把握するための要であるライダーは、きわめて高価なセンサーで、数百万円もするものもあります。低価格化が部品メーカーによって検討されているものの、まだ少し時間がかかる見込みです。ナビーでも、製造コストの大半が実はこのライダーにかかっているといわれています。

日本では少子高齢化によりサービス業の人手不足が危惧され始めています。ヤマダ電機やパルコなどでは、２０１６年には試験的にナビーを導入し、効果を検証し始めました。ロボットだけの無人店舗はまだ先の話だとしても、ロボットと人が協力し合いながら店舗を運営する日は、そう遠くない日にやってくるのかもしれません。ロボットが商品案内などの単純作業を担うことで、人が商品提案などの付加価値の高い仕事に注力できるようになり、結果として、従来よりも1人当たりの生産性が向上します。

在庫管理にも有用

一方、米国では、店舗の在庫確認の甘さへの解決策として、2016年9月から本格的にナビーの導入が始まりました。フェロー・ロボットによると、ケースによっては在庫管理システム上で確認できる商品の数と実際の店舗の棚にある商品数が25％程度しかあっていないことがあり、店舗運営の大きな課題となっていたそうです。

ナビーにはRFIDリーダーが内蔵されており、商品に取り付けたタグを無線で読み取ることで、棚にある在庫を一括で確認できます。棚の奥の商品や角度によってはタグが読み取れず、誤差が出ることがあるものの、ナビーを導入することで在庫確認の精度を90％程度まで高めることができ、米国のホームセンター、ローズでの導入に至ったようです。同じ先進国である日本と米国でも、おかれている状況や課題は異なり、ロボットに期待されるニーズも異なることを如実に示しています。将来、ロボットが当たり前のように店舗で働くようになった際にも、国によって活用のされ方は異なるものになると予測されます。

ネットショッピングを陰で支える倉庫ロボット

スマートフォンの普及により、ちょっとした休憩時間や電車での移動時間を使って気になる商品を検索して気軽に商品を購入できるようになりました。国土交通省が毎年実施している「宅配便取扱実績」によると、2007年から2010年にかけては、宅配便の年間取り扱い個数は32億個を前後していたものの、日本でスマートフォンが本格普及した2011年以降、上昇し始め、2015年には37億個にのぼっています。また、配達を依頼する消費者のニーズの変化も同時に起こっていると推測されます。具体的には、当日配送など、商品が届くまでの速さの追求です。その結果、宅配業者によってはトラックやドライバーの確保が追いつかず、業務を請け負うのが困難な状況にさえなっています。物流の改善は急務なのです。

ネットショッピングサイトを運営する企業の中には、宅配業者に渡すまでの時間の短縮に乗り出す企業が現れ始めました。その1社が、日用品から家具まで幅広い商品をとりそろえるニトリです。ニトリは、顧客の発注から商品出荷までの時間を短縮すべく、自社の倉庫にロボットを導入しています。ニトリがはじめに導入したロボットは、2016年春に同社の川崎市の配送センターに導入されたロボットストレージシステム「オートストア」です。

オートストアは、ノルウェーのヤコブ・ハッテランド・コンピュータ製のシステムで、衣装ケース程度の「小型コンテナ」を積み上げた巨大な立方体状の装置です。商品の在庫数、格納場所はすべてコンピュータ上で管理されています。その装置の天井裏に掃除機を少し大きくした自走型ロボットを複数台用意し、出荷指示のあった商品の入るコンテナをピックアップし、商品を取り出す仕組みになっています。積み上げられたコンテナをコンピュータのアルゴリズムの1つであるキューに見立て、先入れ先出しの構造としています。頻繁に出し入れされるものが入ったコンテナは、早く取り出せるように、なるべく積み上げた山の上の方となるように隙間時間を使って配置場所を入れ替える機能を持っています。コンテナを高密度に積み上げることで、平置き型の一般的な棚と比べ3倍、スタッカークレーンと呼ばれる機械式のものと比べ2倍の商品を格納することが可能です。これらの機能により、人手による方法に比べてより早く出荷でき、かつ都心部の貴重な土地を有効利用することができます。

システムの要となる商品を取り出すために動き回る自走式ロボットは、連続して最大で約20時間稼動し、複数台がひとつのシステム内で手分けしながら作業します。

1台ずつメンテナンスできるため、システム全体のサービス停止を抑制でき、自らステーションに戻りバッテリーを充電する機能を持っています。決して安価なシステムではありませんが、ニトリでは、倉庫面積を従来の約半分とし、最終的には従来の4分の1の作業者数で運営する目標を立てており、順調に導入が進めば投資額を3年から4年で回収できる見込みです。機械化により商品の出庫にかかる時間を短縮し、かつ、人件費を圧縮し、にわかに高まりつつある人手不足に先手を打つこともできるのです。

ロボットを補完するロボット

オートストアは優れた技術ですが、大規模な投資が必要であり、既存のすべての倉庫に適用するのには必ずしも向いていません。そこで、ニトリが2017年の1月に新たに導入を決めたロボットが、自動搬送ロボット「バトラー」です。

バトラーは、インドのロボットベンチャー企業グレイオレンジが開発するロボットです。商品が置かれたラックの下に潜り込み、持ち上げることで、所定の位置まで移動させることが可能です。バトラーを導入することで、ピッキング作業者が商品のある場所まで向かわずとも、商品のあるラックごと動いてくれるため、商品を探すために倉庫内をかけ回る必要がありません。ここまでするのならば、いっそのこと、商品を取り出すピッキング作業もロボットでやってしまってはどうかと思われるかもしれません。しかし、ピッキングは決して容易な作業ではないのです。

実際の棚は、サイズや色が微妙に異なる同種の商品がある場合もあり、見た目で容易に判断できない場合も多いのです。このため、商品を取り出す際には、外見の細かな違いを確認しながら作業しなければなりません。また、柔らかいものや硬いもの、長いものや短いものなど、物を取り上げる際にどこをどの程度の握力で持つかは商品によっても違います。

アマゾンが2015年から開催しているアマゾンピッキングチャレンジでも、毎年、難易度の高い作業が出題され、世界中の研究者たちが果敢にコンテストに挑んでいますが、人手に勝るロボットが開発されるまでにはまだ時間がかかる見込みです。そこで、ピッキングに関しては当面は人が行い、それ以外の作業をロボットがサポートする、人とロボットが協調することで生産性を高める試みが実践されています。ニトリのバトラーを使った試みも、その1つと考えることができるでしょう。

ニトリの2つのロボット活用事例も、AIの進化と無関係ではありません。それは、2つの事例の共通点であるロボットと高度なソフトウェアを組み合わせたシステムである点です。

オートストアは、積み上げられたコンテナとその中に入った商品をシステムで管理し、商品ごとの出庫頻度や今後の出庫予定を事前にシミュレーションすることで、素早い出荷を実現しています。また、バトラーでは、ピッキングを行う作業員がいるステーションの近くに、出荷頻度が高い商品を置くようラックを配置します。その上で、箱詰めの効率を高めるために、オーダーごとに1人の担当者がピッキングの責任を持つか、それとも、商品ごとにピッキングの責任を持ち、複数人で1つのオーダーの作業をするのかなどのピッキング作業の計画を立てるのです。これにより、出荷にかかるまでの時間の短縮を狙っています。

配置や作業計画に用いられている最適化技術は、音声認識や画像認識、自然言語処理の中でも使われるＡＩの技術領域の1つです。小売業を支える物流にも、ロボットとＡＩを組み合わせたソリューションが一気に広まる可能性が高まっています。

2　サービス業

ホテルにもロボット化の波がやってきた

サービス業におけるロボット活用の意欲的な試みといえるものが、長崎県のハウステンボス株式会社が運営する、「変なホテル」です。2015年7月にオープンした「変なホテル」

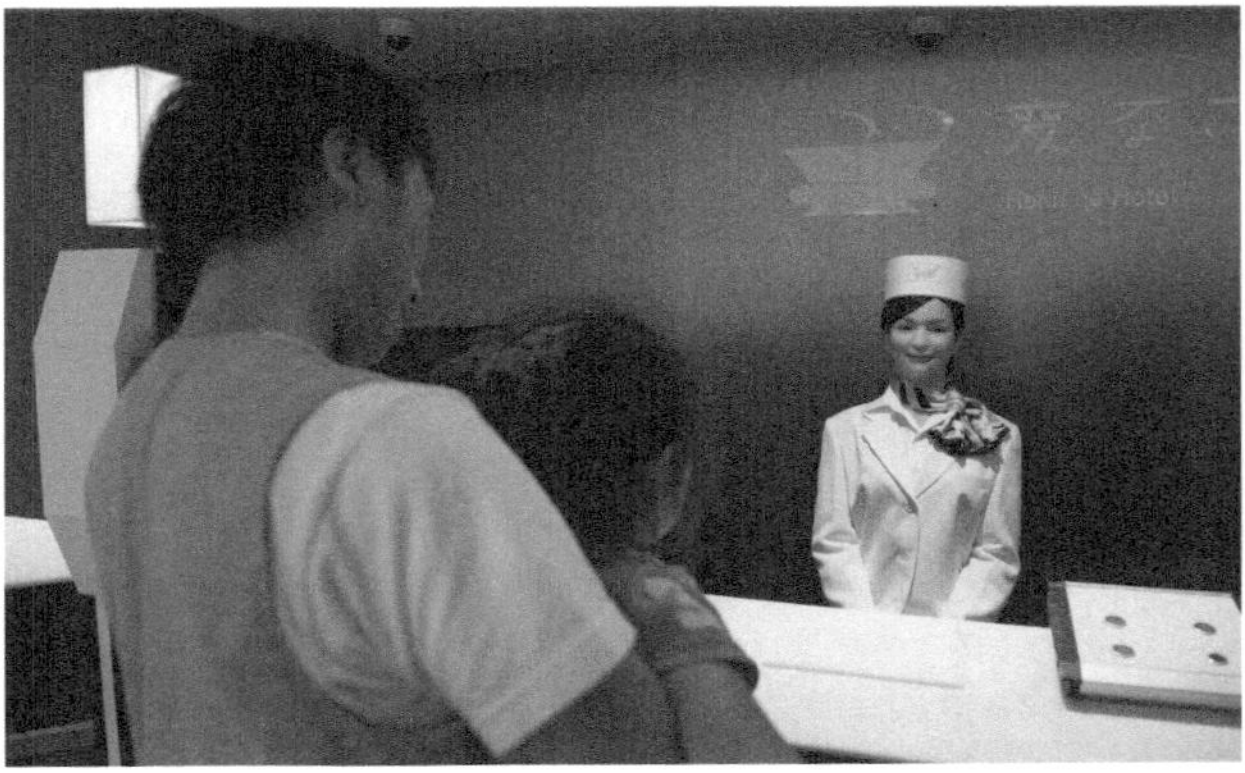
「変なホテル」はロボットが接客にあたる

は、先端技術を活用した究極の生産性と快適性を追求したホテルです。輻射《ふくしゃ》パネルを採用した空調設備や顔認証システムなどの技術の採用に加え、可能な限り業務をロボットに任せるようにしています。具体的には、受付や荷物の運搬といった、従来は人が行っていた業務をロボットに置き換えることで、「人件費の削減」「深刻な人材不足への対処」という、サービス業が抱える大きな2つの課題の解決を狙っています。

「変なホテル」は2015年に72室を持つホテルとして開業し、従業員はわずか10名で運営されています。この人数はハウステンボスが運営する他のホテルの3分の1であり、ロボットの活用による効果がいかに高いかがわかります。さらに驚くべきことに2016年には、72室を加え、全

144室にホテルを拡張したものの、従業員数は増やさず生産性を事実上2倍に高めています。「変なホテル」の成功の1つには、人とロボットをうまく組み合わせた点にあります。

ロボットには、音声認識や画像認識といったAI技術を取り入れ、将来の無人化を狙った試みが進められています。しかし、コンシェルジュや受付など、人と応対する業務は現在のAIでは難易度が高く、決して容易ではありません。そこで、いつでも人がAIに変わって対応できるよう、カメラ越しに連携できる仕組みを取り入れています。確かに、人手をゼロにすることはできませんが、先の例にあるように、必要に応じて人が対応するにとどまりますので、1人で複数のロボットの「代行」をすることも可能なのです。事実、部屋数を2倍にしたにもかかわらず従業員を維持したまま運営できている点が、その効果を物語っています。

ロボットが作り出す「おもてなし」

サービス業は、おもてなしの精神がかかせません。しかし、必ずしも人によるおもてなしが必要とも限りません。その一例が、米国のベンチャー企業のサビオークが開発した自律配達ロボット「リレー」です。リレーは、ホテルのルームサービスで依頼されたものを部屋まで運ぶことを目的として開発されたＡＩ搭載ロボットで、すでにサンフランシスコなどの数カ所のホテルで利用されています。

リレーは、夜間のルームサービス対応に必要なスタッフの確保が難しいなど、ホテル側の事情を反映して開発がスタートしました。しかし、宿泊者側にとっても、夜間のルームサービスとは、そもそも依頼すること自体が億劫でやめてしまったり、チップの支払いが面倒で控えてしまったりするなど、人であるからこそのマイナス面もあったと思われます。

リレーは、部屋まで自律走行し依頼されたものを運ぶことができるという機能もさることながら、演出にもこだわっています。それが、依頼者の部屋の前まで来た後に行う、内線による連絡です。自ら電話をかけ、音声合成された声で、ドアを開けてくれるよう依頼するのです。まるで有名なＳＦ映画に出てくるロボットのようです。この演出により、エンターテインメント性をうまくミックスすることに成功し、リレーに「会う」ために宿泊する客が登場するまでになっています。

ホテルなどでは、宿泊者にとって利便性の向上を狙ったロボットの導入が進むものと思われます。もちろん、ロボットの利用が無制限に許可されるわけではなく、防災上のルール、旅行業法など、業界特有の法制度への対応なしには利用することはできません。しかし、とくに人手不足が懸念される日本のホテル業界において、ロボットの利活用は避けては通れないでしょう。宿泊者にとっても、非日常を演出するロボットの登場は、ホテルの雰囲気づくり次第では、十分すぎる集客効果を生む可能性を秘めています。とくに実際に客の触れる空間で利用する場合には、そのロボットに合わせた「演出」が成功の秘訣であると筆者は考えています。

3　農業

「面」の最適化から「点」の最適化へ

米国のベンチャー企業ブルー・リバー・テクノロジーが、レタス栽培用に開発したトラクターがレタスボットです。レタスボットは、農業用トラクターに農薬散布用のロボットユニットを取り付けたもので、カメラを内蔵し画像認識によってレタスの苗1つひとつの生育状況に応じた農薬の散布が可能です。

これまで、農薬の散布は、トラクターやラジコンヘリコプターによって時期や回数を決め、農場全体に対して農薬を散布する「面」での対応がされてきました。しかし、面での対応は、収穫量を安定させる代わりに、大量の農薬散布による土壌悪化やコストアップをまねく要因となっていました。本来は、人が苗を1つひとつ確認し生育状況に合わせて、農薬の種類と量を調整すべきですが、手間がかかり現実的ではありませんでした。この状況を変えたのが、レタスボットです。

画像認識によって、苗か雑草であるかの判断、また苗が健全に生育しているか、場合によっては間引く必要があるのかを見極め、点での農薬散布を可能としています。不要な農薬散布を抑制することで農薬にかかるコストを抑え、従来と比べ90％も農薬の使用量を抑えることに成功したケースもあるほどです。すでに米国で生産されるレタスの10％は、レタスボットによるものといわれています。

小さな情報を集約し植物の病気の兆候をとらえる

ドイツのベンチャー企業ピートは、農作物の病気の診断やアドバイスを行っている企業です。ピートは、植物の写真を撮るだけで病気の診断が可能なスマートフォンのアプリＰＬＡＮＴＩＸを開発しました。このアプリは、ディープラーニングによる画像認識を用いて、植物の病変と思わしき葉の特徴や色をもとに90％を超える精度で60以上の病気を診断することが可能となっています。

スマートフォンのアプリで提供することで、プロの農家から趣味で農業を楽しむ個人まで利用者の裾野を広げ、すでに10万件以上もの植物の病気に関するデータを新たに集めることに成功しています。これにより病気の診断精度を高め、診断可能な病気の種類を増やしています。しかし、ピートの狙いはたんなる病気の診断にとどまりません。スマートフォンを通じてアップロードする写真に位置情報を付加することをユーザーに促すことで、病気の広がりや分布をリアルタイムで共有、把握することが可能となっています。

小さな情報を互いに提供しあい集約することで、大規模な不作につながるような農作物の病気の流行に警鐘をならす早期警戒システムにもなります。このため、ピートは、小麦やトウモロコシなど、とくに世界中で広範囲に栽培されている植物の病気にフォーカスしています。たとえば、欧州では「黒さび病」といわれる小麦の疫病の流行が確認されています。2016年のシチリアでは、従来よりも伝染力を増したタイプの流行が確認されており、流行の兆候をいかに早くとらえて対処するかが鍵になっています。

ピートは、PLANTIXで構築した診断に関するノウハウを使って、植物工場向けの病気監視サービスや、大規模な農場向けのドローンを組み合わせた診断サービスを手がけています。ピートが作り上げたこの仕組みは、スマートフォンを使って誰もが容易に植物の病気の診断ができるという価値もさることながら、世界の食糧事情にも少なからず影響を与えうる伝染病の早期警戒システムとした点が興味深いといえます。このようなサービスを可能としたのも、ディープラーニングを用いた最新のＡＩ技術だったのです。今後は、ますます、農業分野でのＡＩ技術の活用が進み、限られた個人の経験では対処できない問題も、ＡＩがサポートすることで解決が可能となっていくと予測されます。

4　モビリティ――車も交通もオンデマンドへ

米国にローカル・モーターズという、世界初の３Ｄプリンタで作られた電気自動車「ＬＭ３Ｄスイム」を開発した企業があります。ローカル・モーターズは、世界中の人が参加し、それぞれのアイデアを持ち込むことでこれまでのコンセプトにとらわれない新たな「車」を製造することを目指しています。この原動力の１つが、３Ｄプリント技術です。車のボディを直接３Ｄプリンタにより作成、特殊な樹脂の型を３Ｄプリンタで製造することで金属部品も製造可能とし、アイデアを即時反映する仕組みを整えています。

ローカル・モーターズが次に見据えているのが、新たな「交通」のあり方です。その具現化を目指して、2016年に発表されたのがAI搭載の自動運転バス「オリー」で、すでにワシントンDCで実証実験が行われています。オリーは、ライダーなどのセンサー類からカメラまで30以上の情報を使い、周囲の状況を確認しながら走行することが可能となっています。この点は、他の自動走行車と違いはありません。ローカル・モーターズならではの部分は、車内にあります。オリーは、IBMのワトソンをもとに開発されたAIが搭載されているのです。このAIにより、乗客と音声によって会話し、行き先を確認でき、その道すがら周囲に関する案内をするなど、まさに自動運転車と人とをつなぐガイドとしてふるまいます。

オリーは、事前に設定されたコースを運行するだけでなく、オリーを利用したい人からのオンデマンドでの呼び出しにも対応し、スマートフォンからオリーの場所も確認できるようになる予定です。オリーが目指すのは、「人々が必要に応じて利用する、優秀なAIドライバーと物知りなAIガイド付きの移動手段」であり、それを選択し利用する姿は、未来の交通の姿でもあります。オリーは、12人ほどが乗車可能なサイズで、走る会議室として利用したり、カフェなどとして利用したりする案も考えられています。

オリーに関する「オンデマンド」は、もう1つあります。それは、製造もオンデマンドであるという点です。ローカル・モーターズでは、GEと協業しマイクロファクトリーという新たなコンセプトでの車の生産を目指しています。マイクロファクトリーとは、3Dプリンタやロボティクスなどの先端技術により小ロットの製品を消費者の近くで製造する小規模工場のことです。ローカル・モーターズでは、オリーを世界中に張り巡らしたマイクロファクトリーを使って、発注から10時間程度での製造完了を目指しています。まさにオンデマンドで車も製造してしまうという果敢な取り組みです。

オリーの例に限らず、来たる自動運転技術の実現に向けてAI技術はその基盤の役割を担っていくでしょう。オンデマンドでの配車1つとっても、配車の履歴データが集まることで、どのあたりに、どの程度のニーズがあるのか、予測することが可能となります。すると、利用者にとって不便をかけることなく、街中に出すべき車の数を最適化し、道路の混雑の回避、不要なエネルギーロスも抑えられます。これまで、個々のドライバーの判断で動きまわっていたものが、AIによって複数の車の間で情報が共有、コントロールされる交通の理想像に近づくことが期待されます。ドライバーも、ガイドも、そして、全体の交通の管制機能も、そのすべてにAIが深く関与していくことは間違いありません。

5　医療

医師と協力し人の命も救ったＡＩ

２０１６年、日本の医療で画期的な出来事として1つのニュースが駆け巡りました。東京大学医科学研究所とＩＢＭによる臨床研究において、ワトソンが提案した治療薬に基づいて医師が判断し治療方法を変更した結果、劇的な効果をあげ患者の命を救ったというものです。

この臨床研究は、２０１５年から開始されたもので、ワトソンに対して悪性リンパ腫や白血病などの血液腫瘍などに関する２０００万件以上の研究論文、１５００万件もの関連する治療薬の特許情報という、途方もないデータを学習させた成果でした。ワトソンを使った診断では、患者の問題部位から得られた細胞の遺伝子データをインプットとして与え、その解として治療薬を提案する仕組みになっています。

従来の人手による解析手法では、治療薬を確定させるまでに2週間程度かかっていたのに対し、ワトソンを活用した新手法では、実に10分に短縮されたことが大きな驚きをもって報道されました。しかし、ワトソンは医師が診断結果を下すように、１つの解を自ら下すわけではありません。あくまで、治療薬の候補とその可能性を確率で示すにすぎず、最終的には医師が、患者への問診、さまざまな検査結果を時系列で追った「バイタルサイン」、そして自身の経験をもとに総合的に判断する必要があります。つまり、ある一領域に関しては人を遥かにしのぐデータを誇るワトソンといえども、医師の判断なしには効果を発揮できないのです。

これは、普段、医師が行っている治療の進め方を見ると納得できます。ワトソンが提案する治療薬は、現時点では、特定の病気に関して狙い撃ちする分子標的薬のみなのです。一般に、血液腫瘍を含めたがん治療では、化学療法など他の治療法を組み合わせることがあり、ワトソンだけで治療計画を遂行できるだけの情報を持ち合わせていないのです。おそらくは、一意に特定できる遺伝子変異と比べ、患者の時系列のデータの変化を読み取ることやカルテに書かれた症状から治療法を判断するのには、あまりに多くの要因が絡み、ワトソンに学習させるだけの十分なデータを整理し確保できないからなのでしょう。

東京大学の臨床研究の成果が物語るように、ワトソンは医師による診断が不要になるまでには至っていません。しかし、遺伝子変異のようなキーとなる情報を事前に定義できれば、最新の研究論文や膨大な治療薬に関する情報の中からその可能性を紐解き、短時間のうちに解となる候補をピックアップすることが可能です。このようなことは人の限られた記憶では決してまねできないものです。この事実からいえることは、近い将来、ワトソンのようなＡＩを使った解析が、血液検査や尿検査などのように基本的なツールとして普及し、医師の判断を助けるようになりうるという点です。これによって、患者の病状を早期に診断し、重篤な状況に陥る前に適切な治療を始めるための武器になることも夢ではないと思われます。

人間とＡＩが互いに強みを生かす

ＡＩによる治療支援ですが、人間を相手にする医療ならではの問題もあります。たとえば、患者の望む治療法は常に一意ではないという点です。人によっては、痛みを伴う治療方法を望まないこともあるでしょうし、ケースによっては、リスクがあっても短期間での治療を望む場合もあります。患者によって良いとする指標には違いがあるのです。患者の思いを汲み取り、最良と思われる治療方法を提案するのは、心持つ人である医師が担い続けるでしょう。

医療においては、人間とＡＩとが互いに強みを生かし、まさに、チームで一丸となって治療を進めることが一般的になっていくと思います。また、ＡＩの学習能力をもってすれば、人では決して思いつかないような治療方法も見つかる可能性を秘めています。なぜならば、人が複数の専門性を獲得するには限界があるのに対し、ＡＩは事実上無限のリソースと記憶域を持ち、複数の領域に関する専門性を獲得することが可能なためです。これにより、生命科学と機械工学など横断的な知識を組み合わせた治療法がＡＩにより発見される可能性も考えられます。ＡＩが0から1を生み出すことは当面、困難でも、膨大な組み合わせから類似性を見つけ、人の医師に提案することは十分に期待できるのではないでしょうか。

医療を身近に

ＡＩは医療をより身近なものにするためにも役立っています。ベイ・ラボズ社（Bay Labs）は、ディープラーニングを使用した医療画像診断機能を提供する企業です。同社がとくに注力しているのが心血管疾患（心臓・血管など循環器における疾患）に対する超音波診断です。アメリカ疾病予防管理センター（ＣＤＣ）によると、米国では心血管疾患が死亡原因の4分の1を占めており、死者の数は毎年61万人にのぼります。心血管疾患を診断するためには、心臓ＣＴなどの画像診断が有効ですが、発展途上国ではこうした診断装置が利用できない地域がまだ多く存在しています。

そのため、ベイ・ラボズ社では小型の超音波診断装置とスマートデバイスを組み合わせた機器にディープラーニングの技術を適用することにより、どのような場所でも画像診断を可能とする技術を確立しました。診断装置にはＧＰＵが組み込まれており、たんなる超音波画像の表示装置ではなく、画像から自動的に疾患を発見する機能が組み込まれています。このシステムは、ケニアの学校の子供たちを対象にしたリウマチ性心疾患の兆候を調べるために利用されるなど、成果を上げつつあります。

こうした医療を身近にするシステムは、ほかにも開発が進んでいます。バイオビート社（BioBeats）が注目したのは日々のストレスです。日々のちょっとしたストレスが長期間続くことによって、重大な健康問題を引き起こす可能性があります。そのため、発生したストレスにはできる限り早く対処することが大切です。しかし、従来はストレスを継続的にモニタリングする手段がなかったため、即座に対処をすることは困難でした。

このような状況に対処するため、バイオビート社はウェアラブルデバイスからの心拍と皮膚の伝導性などの信号を収集し、ユーザーのストレス状況をリアルタイムでモニタリング・分析するアプリケーションを開発しました。このアプリケーションは、ストレスのモニタリングだけでなく、ユーザーにストレスがあった場合に、ビジュアルや音楽を併用してストレス管理の指導をしてくれます。

このシステムを可能にしたのが、同社の開発した機械学習プラットフォームです。ウェアラブルデバイスから得られる信号からストレスを推定するためには、従来型の機械学習とディープラーニングを利用した予測モデルが利用されています。

現在、同社が開発したシステムは米国や英国などにおける実証実験を経て、健康経営を目指す企業に対して、社員の健康管理を促進するためのツールとして提供されています。

6　金融

金融サービスの裾野をAIで広げる

アジア太平洋地域を中心にビジネスを展開するオーストラリア・ニュージーランド銀行（Australia and New Zealand Banking Group：以降、ANZ）は、新規顧客開拓を狙い、これまであまり接点がなかった若年層向けに、ビデオアドバイザリーサービスによる商品提案を提供していました。しかし、比較的経験の浅いファイナンシャルアドバイザーがそのサービスを担当していたため、顧客に対して最終的な助言を提供するまで時間がかかり、コストが増大してしまうという課題を抱えていたのです。そのためANZは質問に対する理解を深め、経験の浅いファイナンシャルアドバイザーでも迅速に回答を返せるように、IBMのワトソンとビデオアドバイザリーサービスを統合したシステムの開発に着手しました。

ANZでは開発にあたり、IBMとの協働体制を整えたものの、開発するプログラムの要件定義と開発に予想以上に時間がかかり、資産運用に関する最初のツールのリリース（ベータ版）までに20カ月を要し、決して順調な船出とはなりませんでした。その後も困難は続き、アドバイザリー機能の拡充に向け資産運用事業、デポジット事業、クレジットカード事業などへとワトソンの適用範囲を拡大するものの、事業ごとに独自に管理されたプラットフォームと連携する必要があったため、苦労の連続でした。

このように導入には苦戦したものの、リリース後、ワトソンは大きな成果をもたらしました。従来型の人によるファイナンシャルアドバイザーサービスでは最終的な助言を提供するまで通常5日から7日間を要し、複雑な案件の場合は実に2週間から3週間もかかることもありました。そのため、提案する商品提案から関連する法例対応の手続きや契約文書作成を含めると、顧客1人につき3000ドルのコストがかかり、本来の目的であった若年層の顧客開拓を狙うにはきわめて費用対効果の悪いサービスになっていたのです。

しかし、ワトソンの導入により、とくに商品提案までにかかる時間が20～30分と劇的に短縮したことで人件費の削減につながりました。その結果、銀行はより純資産額の少ない顧客に対してもサービス提供が可能となり、当初の狙いであった顧客の裾野を広げることに成功しました。従来型の人手による対応では、コストがかかり一部のマーケットへの適用にとどまっていた高度なサービスも、ＡＩのサポートを受けることで、適用範囲を広げることができた事例といえます。

規制への対応（Regtech）

リーマン・ショック後の規制強化にともない、金融機関を取り巻く規制は範囲が拡大するとともに、管理対象となるデータの粒度も細かくなっています。その結果、欧米の金融機関はコンプライアンス、法規制対応コストの増大という課題を抱えています。

このような背景から Regtech と呼ばれるソリューションが登場しました。Regtech とは、「Regulation（規制）」と「Technology（技術）」を合わせた造語で、ＩＴを活用することによって、金融規制に対応することを目的としています。

２０１３年、スイスのチューリッヒに本社を置くクレディ・スイスは、不正取引を監視するために、デジタル・リースニング（Digital Reasoning）の採用を決めました。

デジタル・リースニングは、元々ペンタゴンや米国陸軍国家地上情報センターといった国防総省セクターと協働していた企業です。2012年から、同社のソリューションが民間部門に持ち込まれ、2014年には、ゴールドマン・サックスとクレディ・スイスなどの大手金融機関を顧客に持つようになったのです。

同社のソリューションであるシンセシス（Synthesys）は、数百万にものぼる電子メールやチャット、電話の通話内容などを自然言語処理技術と機械学習を使うことによって分析します。具体的には、社員が不正に関与している可能性があるような、怪しい言葉や行動（人との関連性）がないかをAIが随時分析します。

クレディ・スイスはシンセシスの導入に約6カ月を要しましたが、未承認の取引事故や、社員のリスクの高い行動による問題発生を事前に回避できるようになりました。

第4章　ＡＩの未来を見据える企業たち

1　ＲＩＮコンピューティング

ＡＩを取り巻く２つの軸

野村総合研究所では、２０３０年に向けて実現される情報技術の特徴として次の３つが重要であると考えています。

①Ｒ：リアルワールド（実世界）との融合
②Ｉ：インテリジェント化
③Ｎ：ナチュラルインタフェースの実現

そして、これらの３つの技術によって人と機械が共生し、企業活動の変革や豊かな社会を実現することを可能にする技術として、頭文字をとりＲＩＮコンピューティングという概念を考えました。

３軸のうちインテリジェント化とは、本書で扱っているＡＩを指しています。今後の情報技術の進化を考えた際に、ＡＩは欠かせない技術であることは間違いありません。また、インテリジェント化に必要なデータの源となるものが、後述するリアルワールド（実世界）との融合によって得られるモノのデータと、ナチュラルインタフェースから得られる人のデータです。ＲＩＮコンピューティングを構成する３軸の技術は、インテリジェント化の軸を支えるように他の２軸が補いあう関係にあります。それと同時に、インテリジェント化の効果は、再び他の２軸にフィードバックされ、実世界との融合、そしてナチュラルインタフェースの発展に寄与することになります。

その一例が、第２章で取り上げた急速に実用化が進む自動運転です。グーグルカーが登場した当初、膨大なルールと複数のセンサーを張り巡らし高精度な地図に頼っていた自動運転技術は、ディープラーニングなどのＡＩの進化とモノのデータと人のデータが組み合わさることによって劇的な変化を迎えました。音声によって車の操作を可能とし、運転中の動画を学習データとすることで、運転方法さえも自ら学ぶことができるようになり始めています。

本章では、ＡＩと並び、今後の情報技術の鍵となる技術をＲＩＮコンピューティングとして紹介します。また、いくつかの先進事例を取り上げ、ＡＩに加え何が今後の企業には必要とされるのか、理解を深めたいと思います。

リアルワールド（実世界）との融合

身の回りにある、あらゆるモノがデータ化され、製品やサービスへ活用され始めています。この背景には、センサーの高機能化と小型化、低価格化に加え、センサーとネットワークが一体となったチップの登場があります。シスコシステムズが２０１１年に作成したホワイトペーパー“*The Internet of Things*”によれば、２０１５年頃ネットワークに接続されたデバイス数は、約２５０億台と見積もられていましたが、２０２０年には、その倍の５００億台に上ると予測されています。

これまで散在していたデータがネットワークによって集約され、システムによって解析されることで、従来よりも大量で幅広い種類のデータ間の関係を読み解くことが可能となりました。ここから得られた知見は、既存の製品を改善するだけではなく、新たなサービスを生み出す源となっています。ここで実世界との融合とは、「モノのインターネット」と呼ばれるInternet of Things（ＩｏＴ）の進展によりサービスや製品の生み出すデータから成る「サイバー世界」と「現実世界」が密接につながり、価値を向上させることを言います。

実世界との融合には、システムにおけるフロントエンドとバックエンドの２つの切り口があります。フロントエンドとは、人との接点、つまりはインタフェースに近いシステムを指し、バックエンドとは、サービスや機能を実現するための具体的な処理を行うためのシステムを指しています。実世界の融合のうち、フロントエンドの具体的な事例が第2章でも取り上げたスピーカー型端末のアマゾン・エコーです。エコーが優れている点は、遠隔音声認識という機能面ばかりではなく、他社による音声サービスの開発を推奨したビジネスモデルです。先行して音声サービスを世に広めたＳｉｒｉが機能の詳細を他社に公開せず、あくまで自社のサービスの中での活用にとどめたのに対し、アマゾンは自社以外にも積極的に情報を公開し、他社によるサービスの開発を認めました。もちろん、スマートフォンのアプリのように、一定の審査はありますが、無料のサービスを展開でき、大手ピザチェーンによるピザの注文サービスから、金融機関による口座管理サービスまでさまざまなサービスが開発されています。

一般発売から1年後の２０１６年6月には、１０００ものスキル（エコー向けに開発されたサービス）が開発され、勢いは目を見張るものがあります。また、エコーは、スピーカーという体を離れ、アレクサというサービスに姿を変え、アマゾン以外のサードパーティの電化製品などに次々に組み込まれています。また、２０１７年には、ついに自動車メーカーのフォードが自社のカーナビゲーションシステムに組み込み、家庭の外へも進出しました。

アマゾンは、エコーによって音声サービスのエコシステムの構築に成功し、音声の利用で先行していたはずのアップルやグーグルをあっさりと抜き去りました。アマゾンは、検索履歴やソーシャルメディアに続くビッグデータ、音声データの支配者になろうとしています。また、アマゾン・エコーやアレクサ搭載のデバイスは、アマゾンを介して商品を購入する接点となることから、アマゾンにとっては、家庭への出張店舗ともいえ、ライバルが容易に出店できない超一等地を確保したともいえるでしょう。これは、つまり、オンラインショッピングモールという仮想世界と私たちの生活する現実世界をつなぐ「実世界との融合」にほかなりません。アマゾンとしのぎを削るウォルマートなどのライバルたちは、アマゾンによるアレクサのエコシステムの広がりに戦々恐々としているのは間違いありません。当初は言語の問題もあり、北米などの英語圏に限られていますが、時とともにアレクサは姿をかえながらも次第に対応する言語を増やし、世界中に広がっていくことが予想されます。

実世界との融合の事例のうちバックエンドの具体的な事例が、GE（General Electric）による、インダストリアルインターネットです。従来、GEが得意とする産業機器の分野では、製品の販売による売り上げと、アフターサービスが主たる収入源になっていました。しかしながら、耐用年数に応じた定期的な保守作業によるアフターサービスでは、付加価値が乏しく、GEの専業ともいえた航空機向けエンジンにおいてさえも、サードパーティによる低価格な保守サービスに取って代わられるという事態が近年おきていました。これに対し、GEがサービスの高度化によるビジネスの奪還を狙ったものが、インダストリアルインターネットを用いた予防保守サービスです。

予防保守サービスとは、機器を構成する部品を、定期的に交換するのではなく、故障の予兆をとらえ、保守を計画、実施するものです。この予兆をリアルタイムでとらえるために、機器に取り付けられたセンサーと、クラウド上に構築された解析システムPredixが活用されます。このサービスがもたらすメリットは、予期せぬダウンタイム（障害による利用停止）の最小化にとどまりません。安全性を損なうことなく作業回数を最適化し、保守サービスを行う作業員の稼働率を平準化することで、サービスの低コスト化も可能としました。

インダストリアルインターネットを活用したサービスには、政府も巻き込んだものがあります。それが、ブラジルのゴル航空の事例です。ブラジルは、2014年のサッカーのワールドカップや2016年のオリンピックの開催など、観光客の増加に備える必要がありました。しかしながら、空港は飽和状態にあり離発着の効率化が急務となっていました。そこで、GEは、航路を詳細に分析、政府と協力することで標準航路の見直しと航路の最適化を行うナビゲーションシステムを開発、以前よりも多くの航空機を離発着させることに成功したのです。モノから得られたデータが、航路という現実世界の巨大な仕組みをも動かした事例といえるでしょう。

ＧＥは、自社の製品やサービスのために開発したPredixをサードパーティへ解放し、さらに次の一手を打っています。それが、２０１６年に実施した機械学習に強みを持つワイズ社の買収です。同社は、天文学における解析手法を応用し、大量のデータの中から高速に分析し相関関係を見つけることができるシステムを開発していました。この機能がＧＥのPredixに加わることで、インテリジェンス、つまりＡＩの部分が大幅に強化されることが期待されています。

ナチュラルインタフェースの実現

ＡＩの進化にともなう音声認識や自然言語処理技術の発達により、２０３０年には、「人と会話しているようなナチュラルインタフェース」が実現されると思われます。従来、人が機械に合わせてキーボードやマウスを使い、機械が受け取ることができる形にして情報を与えていました。しかし、今後は音声や身振り・手振りにより機械が人に合わせて情報を取得できるようになり、人に関する情報をより詳細に得られるようになるでしょう。これによって、状況に応じて機械が適切な対応をすることが可能となります。

米国のスタートアップ企業のHelloGbyeは、自然言語で旅行予約可能な旅行コンシェルジュサービスを試験提供しています。たとえば、「明日から2泊3日で、アトランタに旅行をしたいのだけど、ホテルは市内で4ツ星、値段は1泊200ドル以内、朝食付き。帰りは、ニューヨークまで15時以降の出発の便が希望だけど、通路側が満席なら、遅い便でも良い」と指示を与えると、必要な旅行プランを自動的に組み立てて、関連する予約をするサービスです。将来的には、有能な秘書（執事）のように依頼者の嗜好やスケジュールから自動的に旅行プランの提案や予約をすることも計画しています。

ナチュラルインタフェースが進化することで、人と機械が協調し、作業するシーンがますます増えていくでしょう。

2　4次元企業の登場

4次元企業の4つのタイプ

野村総合研究所では、サービスやモノ作りのコアとIT技術を融合させてビジネスを進める企業を意味する言葉として4次元企業という造語を用いています。4次元企業となるためには、IT技術としてRINコンピューティングを構成する3つの要素すべて、もしくは、その一部を有効活用しているものと考えています。次に4次元企業を、4つのタイプに分類し整理しました（図表4-1）。

- ●産業創出型　まったく新たな産業を作り出し、時として既存のビジネスモデルを破壊するインパクトを持つ企業
- ●サービス型Ⅰ　サービス企業から、IT技術の活用によりサービスの高度化を目指す企業
- ●サービス型Ⅱ　サービス企業以外のモノ作りに強みをもつ企業から、新サービスを生み出す企業

図表４－１　４次元企業の概念図

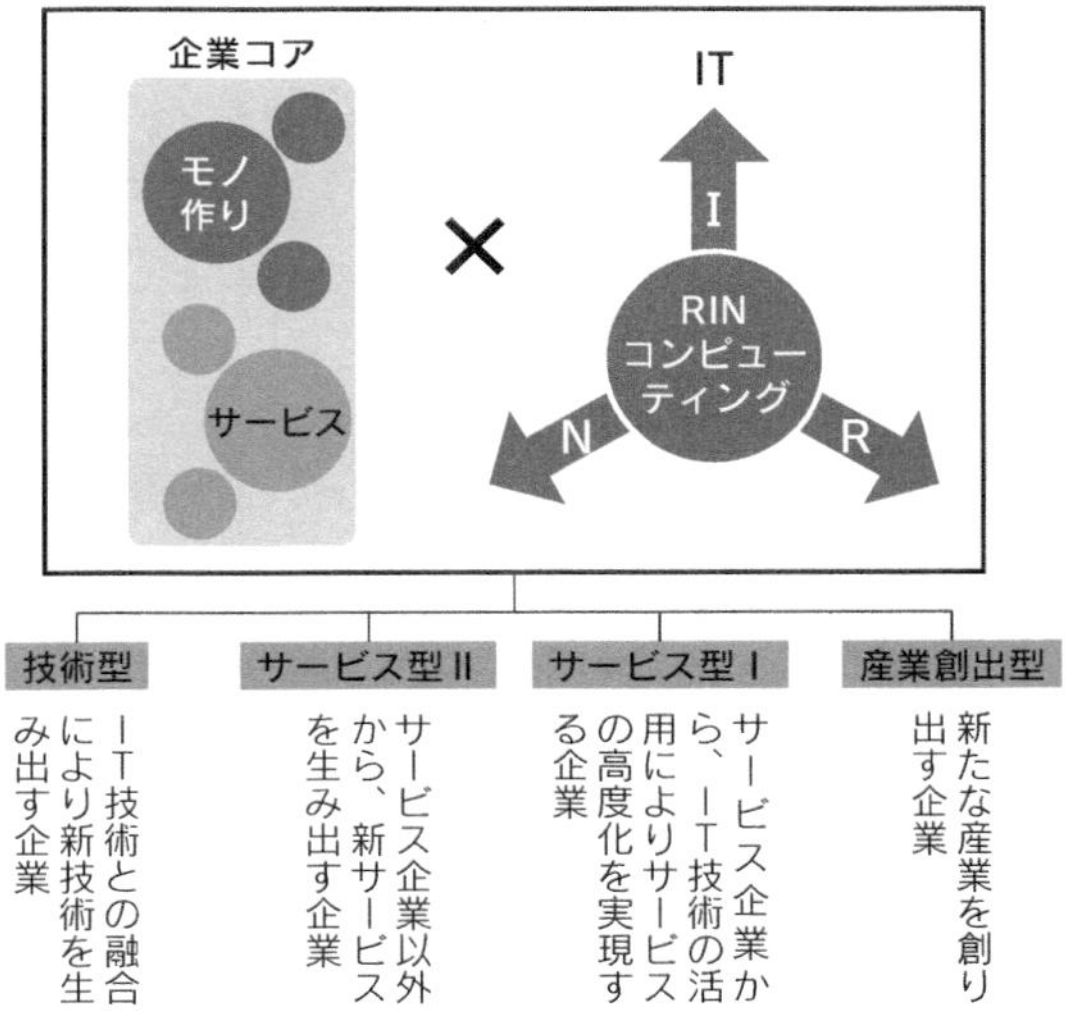

（出所）野村総合研究所

●技術型　ＩＴ技術との融合により、新技術を生み出す企業

「産業創出型」には、ウーバー・テクノロジーズやエアビーアンドビーのように、新たなアイデアをもとにビジネスを起こした企業が含まれます。「サービス型」は、Ⅰ型とⅡ型に分かれ、とくにⅡ型には伝統的モノ作り産業からの脱皮を図る企業が含まれます。技術型は、産業創出型やサービス型の４次元企業に対し、武器となるサー

図表４－２　自動車産業を取り巻く４次元企業の例

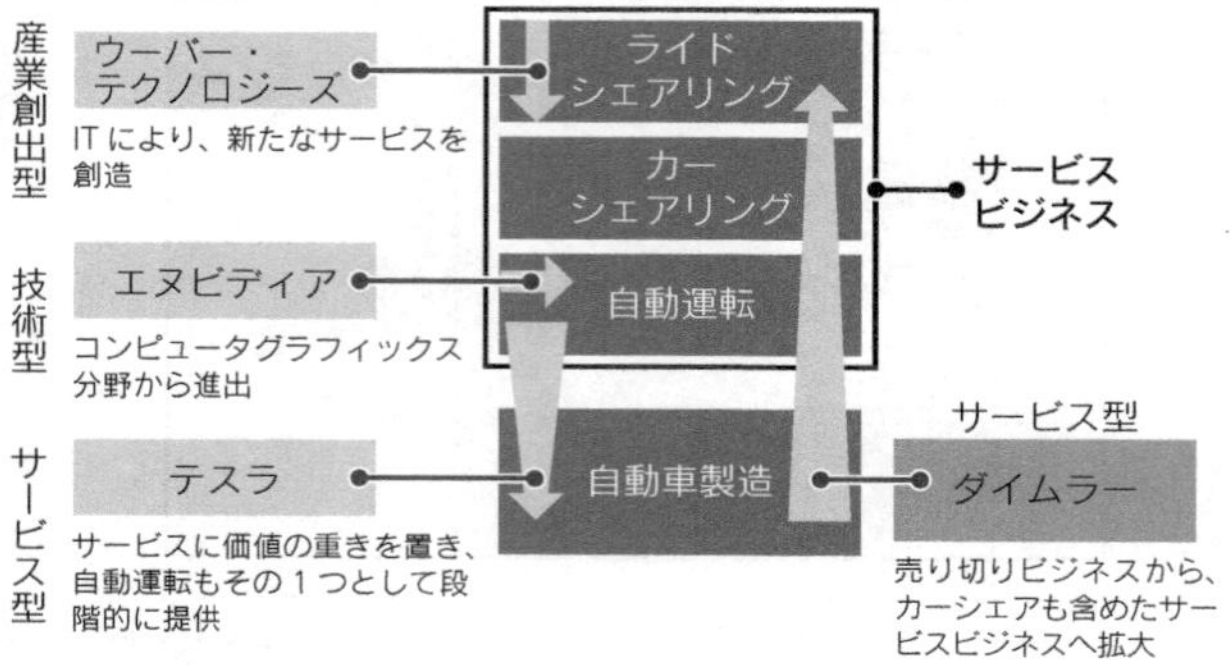

（出所）野村総合研究所

ビスや製品を供給する役割にあります。

自動車産業における４次元企業

４次元企業をより深く理解するため、自動車産業を例にあげます（図表４－２）。自動車産業を例として取り上げる理由は、完成車を販売する企業から部品を販売するサプライヤーに至る、巨大な産業構造を有しており、４次元企業の各タイプを取り上げるに足る、多彩な企業が存在するためです。

産業創出型：ウーバー・テクノロジーズ

ウーバー・テクノロジーズは、ライドシェアという新たなビジネスを創造した点から、自動車産業における産業創出型の４次元企業といえます。

同社が運営するライドシェアサービスであるウーバーは、車を所有する人と、車を使って移動したい人とのマッチングサービスによって成り立っています。ウーバーの利用者は、スマートフォン専用のアプリを用いて乗車したい場所と目的地を入力し、後はドライバーの到着を待つことになります。見ず知らずの人同士が互いに名前を確認し、軽く挨拶を交わした後は、目的地に向かいます。支払いは、事前登録したクレジットカードによってオンラインで完結し、ドライバーとの金銭のやり取りは一切発生しません。つまり、わずらわしいチップのやり取りもありません。利用後は、ドライバー、利用者が互いに評価をする仕組みをとっており、たとえば、手荒な運転や汚い車であったりすると、ドライバーの評価は悪くなります。この評価は、ウーバーから配車される際の条件にも影響し、稼ぎにも影響を与えます。この仕組みがあることで利用者にとっては、快適な車での移動ができるという、まったく新しい乗車体験が実現したのです。

一方で、ドライバーにとっては、自慢の車を使って空きの時間を有効利用し、稼ぐことが可能となりました。産業創出型の4次元企業が生み出す新産業には、1つの特徴があります。それは、ウーバーの例にもあるように既存のモノ作りではなく、サービスに価値を置き、構築したプラットフォームを武器にビジネスを拡大する点です。ウーバーは、自社のビジネスを車のマッチングにとどまらず、昨今は荷物の配達やレストランのフードデリバリーにまで広げています。そして、蓄積したデータを都市計画の改善などに生かすべく、Movementというサイトを設け交通状況に関する公開を進めています。

サービス型Ⅰ：テスラ

テスラは、他の自動車メーカーと同じく製造業の顔を持ちますが、テスラの強みはむしろソフトウェアにあり、サービス企業の顔を持ち合わせています。事実、テスラの車は、Software-Defined Car（ソフトウェアにより定義された車）とも呼ばれ、ソフトウェアのアップデートにより車の持つ性能や機能が改善され、時に新機能までもが追加されます。従来の車は、販売された時点の性能を頂点とし、より燃費のよい車、運転が楽になる車を望めば、車を買い替えなければなりませんでした。しかし、テスラは、購入後も、車載コンピュータのソフトウェアをアップデートすることで新機能をユーザーに提供することができるのです。このため、テスラは、サービス企業から自社の提供するサービスの高度化を目指す企業として、自動車産業におけるサービス型Ⅰの４次元企業と位置づけることができます。

サービス型Ⅰの４次元企業は、高度にＩＴ技術の利用を進めた企業といえ、製品の持つ機能をハードウェアとして作りこむのではなく、将来の機能向上、サービスの高度化を見据え、あえてソフトウェアで実現しています。これは、時に性能面ではハードウェアに及ばなかったとしても、ユーザーの期待は、購入時の数パーセントの性能の優劣ではなく、その後の利便性を高めるサービスにあるからです。この点に関しテスラは、自動運転補助機能を先駆けて実用化するなど話題を集める中で、新たに太陽光発電事業を始めています。おそらく次の狙いは電気料金の最適化（低価格化）にあるのでしょう。住宅に取り付け可能な高品質の太陽光パネルと蓄電池を同社が新たに取り扱い、自社で運営する太陽光発電プラントを設立、そして、無数のテスラの車の蓄電池の状況を得意のソフトウェアによりリアルタイムで把握し電力を調整しあうことができれば不可能ではありません。まさにテスラは、事業領域を次々に広げ、自社のサービスをＩＴによって高度化し続けています。

サービス型Ⅱ：ダイムラー

ダイムラーは、ベンツを製造販売する世界的な自動車メーカーですが、すでに製造業の枠を越え、ＩＴを組み合わせた新たなサービスビジネスを始めています。その一例が、ダイムラーがＣＡＲ２ＧＯとして始めたカーシェアリング事業です。ダイムラーがカーシェアリングを進める理由は、近年進む車離れへの対策という単純なものではありません。その背景には、主に欧州の都市部で進む駐車場の不足と、自動車を手軽に利用したいというニーズに応える、ということがあります。ダイムラーは、ITを活用しサービス業以外からサービス業に進出したため、自動車産業におけるサービス型Ⅱの4次元企業といえます。

CAR2GOは、他のカーシェアリングサービスとは違い、会員登録さえすればわずらわしい予約登録をせずに、ステーションにある車をその場で開錠し利用できます。指定エリア内にある空きステーションであれば、どこに乗り捨ててもかまいません。また、地域によっては、自治体と連携し専用のステーション以外の公共のパーキングエリアに無料で乗り捨てることも可能です。この手軽さを支えるのが、IT技術です。街中にあるステーションはスマートフォンのアプリでいつでも確認でき、車の空き状況も一目瞭然です。CAR2GOは、街中の「ちょい乗り」の足としてヨーロッパの主要都市を中心にサービスを広げていましたが、北米や中国でもサービスを開始しています。

サービス型Ⅱの4次元企業は、自社製品の課題を、ITを活用したサービスにより解決する点が1つの特徴です。モノ作り企業でありながら、サービスに注力するには2つの理由があります。1つは、近年、多くの業界が直面する製品のコモディティ化があります。部品のデジタル化により容易に製品が模倣され、価値の訴求が難しくなっています。もう１つは、ユーザーの求める価値が、機能の豊富さや性能の高さではなく、アフターサービスの充実による安心感や製品購入時のサポートなど、付帯サービスに移ったことにあります。コモディティ化の流れはダイムラーにとっても例外ではありません。電気自動車の普及は、それを加速させるでしょうし、優位性を保つための武器はソフトウェアにシフトしていきます。自動運転が現実味を増す中で、走りやすさやデザインといったこれまでの車の評価にとどまらない、アイデアの勝負が始まるでしょう。

技術型：エヌビディア

エヌビディアは、90年代にコンピュータ向け画像処理チップを製造する企業として創業し、長らくパソコン向け部品メーカー、もしくはゲーム機向け部品メーカーの立ち位置にありました。しかし、２０１６年の１年間で同社の株価は約3倍に跳ね上がり、２０１７年には、年始に開催された米国最大のエレクトロニクスの見本市であるＣＥＳ（Consumer Electronics Show）で基調講演をするなど、ただの部品メーカーの枠を越える活躍をみせています。この背景にあるのは、ディープラーニングなどのＡＩのハードウェアプラットフォームとしての地位をエヌビディアがいち早く築いた点にあります。エヌビディアの技術は、画像処理にとどまらず、大量の行列計算が必要となる大規模な構造のシミュレーションの用途に応用可能でした。このような使い方は、第1章でも紹介したようにGPGPUと呼ばれ、ディープラーニング向けの計算にも適していました。エヌビディアは、いち早くこの点に着目し、ディープラーニング向けのライブラリの開発を支援し、2016年にはDGX-1というAI専用スーパーコンピュータを発売しました。同社の狙いは、従来のコンピュータ業界にとどまらず、自動車向けの画像処理チップ、そして来たる自動運転時代を見据えた車載コンピュータへと照準が定められています。世界中のパソコンに同社のチップが採用されることで飛躍的に売り上げが伸びたように、もし世界中の車に同社のチップが搭載されれば、そのインパクトは計り知れません。

すでにエヌビディアは、ディープラーニングを活用した物体認識技術を開発、自動操縦車載コンピュータ向けのシステムとして「DRIVE PXシリーズ」を販売しています。この製品は、テスラの車に採用され、また、アウディと自動運転技術の開発で連携するなど、自動車業界で台風の目となっています。エヌビディアは、自社の強みとするコア技術を使ってコンピュータ業界から自動車業界という他の業界に進出し、自動運転などのイノベーションを巻き起こしている点から、自動車産業における技術型の４次元企業と考えることができるでしょう。

技術型の４次元企業は、他の４次元企業との連携によって価値を高めています。エヌビディアは、たとえば、サービス型Ⅰの４次元企業であるテスラと提携関係にあり、共に自動運転の技術を開発する仲にあります。これまで技術に強みを持つ企業は、自社のコアコンピタンスたる製品の性能や機能を高度化することで価値を高めてきました。エヌビディアも、かつては、画像処理チップのメーカーとして、同業他社と処理性能を尺度として戦いを繰り広げてきました。しかし、同社が他のチップメーカーと異なる点は、４次元企業と連携することで自社製品の持つ新たな価値に早期に気付いたことです。たんなる技術系企業から、技術型の４次元企業に変わるための鍵は、他業種の企業との積極的な連携によるイノベーションにあります。

自動車産業の未来とオープンイノベーション

自動車産業を事例として、４次元企業のタイプを整理しました。この整理からわかることは、その産業が有していた既存のビジネスからの価値のシフトにあります。自動車製造というモノ作りの枠を越え、価値の主戦場は、サービスビジネスに移っていくと予測されます。コンピュータや携帯電話でかつて起きたように、モノ作りそのものが高度化し、製品のコモディティ化が進むと、性能という面では差別化が困難となっていきます。このため、自動車産業を牽引してきたメーカーは、たとえばユーザーの移動体験を高度化するために、これまで以上にサービスに注力するものと考えられます。

近い将来、登場しうる自動運転技術の実用化により、車内での時間の使い方は、今とはまったく異なるものとなります。この空き時間に対し、新たなサービスが誕生することは容易に想像できます。トラックによる配送も、自動運転と高速道路の流量の調整により、目的地まで安全に、かつ遅れることなく行われることも期待できます。少し想像を働かせただけでも、日常生活を改善するアイデアは数え切れません。一方で、新たなサービスを支える技術は、技術型の4次元企業が大きな役割を担うことも忘れてはなりません。ユーザーの求める要望に対して、アイデアを実現するためには、技術開発に数年もかけるというのではなく、技術の持つ本質を目利きとして見極め、組み合わせることができる匠《たくみ》の力が今後は必要となるでしょう。このため、既存のビジネスパートナーを越えた、技術を持つ企業と技術を求める企業間の連携、つまりオープンイノベーションの取り組みが、今後、よりいっそう活発になると予測されます。

４次元企業へ進化するために

４次元企業となるためには、自社のサービスやモノ作りのコアの部分と、ＲＩＮコンピューティングを構成するＩＴ技術を組み合わせることが必要であると述べました。また、ＲＩＮコンピューティングは、３つの軸からなり、その主軸となるインテリジェンス、つまりＡＩの技術と、それを進化させるように他の２軸があることを説明しました。しかし、４次元企業の真価たる新しい技術やサービスの創造などをするためには、単に技術を揃えるだけでは十分ではありません。自動車産業の事例で示したように、企業間の枠組みを越えた連携、オープンイノベーションの取り組みが必要となります。つまり、既存のパートナー企業の枠、産業の垣根を超え、あらゆる企業と連携する「仕組み」が４次元企業となるための鍵といえます。

この「仕組み」の参考となるのが、マルチサイド・プラットフォームです。マルチサイド・プラットフォームとは、異なる産業に属する企業やユーザー間を直接結び、さまざまな価値を創造するための共通基盤を指しています。たとえば、商品を売りたい店と商品を買いたい顧客を結びつけるＥＣサイトは、マルチサイド・プラットフォームといえます。オンラインだけではなく、大手不動産会社が展開する大規模ショッピングモールも、娯楽とショッピング、学習、さらには特設イベントに至る魅力的な価値を提供する場として、マルチサイド・プラットフォームの一例といえるでしょう。

このマルチサイド・プラットフォームを成功へと導くための重要な要素が、プラットフォームに参加するユーザー数と企業数、そして多様性です。たとえば、ＧＥは、Predixを他の企業にも解放し、アプリケーションの開発を促しています。また、エヌビディアのような技術型の４次元企業も、自動操縦車載コンピュータ向けのシステムとして「ＤＲＩＶＥ ＰＸ」をプラットフォームとして開発し、積極的に自動車メーカーに活用を呼びかけています。４次元企業として成功するためには、自らがマルチサイド・プラットフォームの支配者となるか、もしくは参加することが必要となります。マルチサイド・プラットフォームを通じて新たな市場、顧客、そしてパートナーを獲得することが、成功者となる１つのモデルであると筆者は考えています。

第5章

ＡＩは人間の仕事を奪うのか

1　40％以上の仕事が代替可能になる？

野村総合研究所は、２０１５年12月に英オックスフォード大学のマイケル・A・オズボーン准教授およびカール・ベネディクト・フレイ博士との共同研究により、国内６０１種の職業について、それぞれＡＩやロボット等で代替される確率を試算しました。この結果、10〜20年後に、日本の労働人口の約49％が就いている職業において、ＡＩやロボット等に技術的には代替可能との推計結果が得られました。将来、日本は多くの失業者を抱えることになるのでしょうか。

ホワイトカラーの業務も代替可能に

野村総合研究所の研究結果についてもう少し詳細に見ていきたいと思います。まず、同様の研究はオズボーン准教授が日本以外でも実施しており、英国や米国ではそれぞれ35％、47％といった数字が出ています。また、今回の予想は、従事する１人の業務すべてを、高い確率（66％以上）でコンピュータが代わりに遂行できる（技術的にＡＩやロボット等で代替できる）職種に就業している人数を推計し、それが就業者数全体に占める割合を算出したものです。

では、具体的にどのような職業がＡＩやロボットで代替可能になるのでしょうか。代替可能性が高い職業としては、一般事務員、銀行窓口係、警備員、電車運転士、自動車組立工、通関士などがあります。一方、代替可能性が低い職業は、インテリアデザイナー、経営コンサルタント、雑誌編集者、幼稚園教諭、ケアマネージャー、学校カウンセラー、外科医などです。

今回の研究で代替可能性が高い職業について注目すべき点は大きく分けて２つあります。1つは、これまでコンピュータで代替しにくかったホワイトカラーの業務の代替が進むだろうということです。もう1つは、比較的高収入の仕事である弁護士とか司法書士とか法律関係の弁理士といったような職業に代替可能性が高いものが出てきているということです。こうした職業は、高度な専門知識が必要なため従来はコンピュータによる自動化が困難でしたが、比較的定型化された業務に関してはコンピュータで代替できる可能性が高まると予想されています。

実際に、法律関連のコンサルティング会社であるAltman Weil社が２０１５年に実施した米国の法律事務所幹部を対象とした調査の結果によると、ＡＩが、10年以内に新任弁護士の業務を代替するという回答が35％を占めました。また、弁護士の監督の下で定型的・限定的な法律業務を遂行し弁護士の業務を補助するパラリーガルという職種については10年以内にその半数が不要になると回答しています。

すでに、米国の大手法律事務所ベーカー・ホステトラーは、ロス・インテリジェンス社（ROSS Intelligence）のソリューションを使用し、同事務所の弁護士が、破産に関する法律のアドバイスを受けています。ロス・インテリジェンス社のソリューションはＩＢＭワトソンの自然言語処理技術を利用しており、弁護士の「原告が別の訴訟でそれをリクエストしたら債権執行の自動的停止を解除できるか？」といった問いかけに対して、回答とその根拠となる引用を回答の確からしさとともに提示してくれるのです。

一方、同じように高度な専門知識が必要な士業であっても、医師や教師のように情報を処理するだけではなく、直接人体に触れ、人との柔軟なコミュニケーションが必要とされる職業では、代替可能性が低くなっています。すでに医師の業務に関しては、前述の通り、ＩＢＭのワトソンなどのＡＩが大量の論文を読み、医師の診断を支援するといったことがされており、新しいテクノロジーが導入され始めています。このように、ある特定の職業や業務の進め方に対してコンピュータとかロボットが影響を大きく与えるかどうかということと、雇用の代替に対してどういう影響を与えるのかというところが、必ずしも一致しないという点には注意が必要です。

また今回の研究の結果、機械やロボットやＡＩに代替されにくい職業の特徴としては、創造性やコミュニケーション能力が必要とされるもの、非定型のもの、定義できないような体系化されていない業務というところは代替されにくいという傾向が出ています。

しかし、こうした観点のみで将来の職業の選択をするというのも問題があると思います。必ずしもこういう代替されにくい能力を必要とする業務が労働市場として大きいわけではありません。たとえばこれからコンピュータに代替されないような仕事を求めて、みんなが芸術や歴史学を勉強しても、社会としての需要はあまりなく実際に職につけるかどうかは疑問です。またコミュニケーション能力ひとつとっても、多種多様な職業で求められるものなので、特定の能力と業種・業態を単純に結びつけるのは難しいと思います。たとえば、弁護士の仕事も、大量の法律関連の文書から必要なものを見つけ出すことはＡＩの得意分野ですが、依頼人とコミュニケーションをしながら問題点を整理するといったことは、現在のＡＩにはまだ難しい作業です。弁護士というひとつの職業でもＡＩにとって得手・不得手な業務から構成されています。職業によっては、人間がテクノロジーを活用することにより、人やＡＩ、ロボットがそれぞれ得意な領域を担当しながら、より生産性や品質を高めるという方向性が望まれると思います。

一般企業では導入コストが課題に

今回の研究結果についてもうひとつ注意すべき点に、代替される確率とはあくまでもＡＩやロボットによる技術的代替の可能性であり、実際に代替されるかどうかは分析していないということがあります。これがどういう意味か、具体的にコンタクトセンターの事例で考えてみたいと思います。

最近、ＩＢＭのワトソンなどを使ったソリューションがコンタクトセンターに提供されており、顧客からの質問に回答するオペレーターを支援しています。現在の技術では質問に対してＡＩが直接回答することは技術的に難しく、ＡＩはあくまでもオペレーターのアシスタントというかたちで利用されていることが一般的です。具体的には、客からの質問に対して可能性の高い回答候補の提示や、次に質問すべき事項を示唆するなどといったことをＡＩがしています。

しかし、将来、技術的にＡＩの能力がオペレーターの業務を完全に代替できるくらいになった場合はどうでしょうか。大手の金融機関などではコンタクトセンターに１００人単位のオペレーターを雇い業務に当てていますので、数億円の費用を投資してでもこうしたソリューションを導入することでしょう。なぜならば、大規模な人員削減が可能となるため、ＡＩの導入は高い投資効果があると考えられるからです。では、少人数のオペレーターしか雇用していない企業ではどうでしょうか。コンタクトセンターのオペレーターと同様の働きをするＡＩを作り上げる際にかかるコストは、オペレーターの人数とは関係なく、客から来る質問の多様性などＡＩに学習させる知識の量によって大きな影響を受けます。そのため、たとえばコンタクトセンターのオペレーターの人数が10人程度であっても、客からの質問の多様性が大手の金融機関と同じくらいであれば、ＡＩを作り上げる際にかかるコストは同じくらい必要となってしまいます。そのため、オペレーターが10人しかいない企業はおそらくＡＩを導入はしないでしょう。

技術的にはどちらも実現可能だとしても、10人の場合だと採算がとれません。引き続き人がやったほうが安価だという判断を下す企業も多くあることでしょう。各企業にとってある業務をＡＩで代替するか否かは、技術的な実現性のみで判断できるものではなく、投資対効果が得られるかどうかが大きな論点となります。

このように今回の研究結果として得られた数字は、あくまでも技術的な代替の可能性であり、実際に代替されるか否かは、ＡＩやロボットに置き換えるコストによって異なってくる可能性があるということが理解いただけるかと思います。

ＡＩの活用度合いと導入効果の関係

では、ＡＩやロボットの導入効果が高い分野はどこでしょうか。現在のところ、ＡＩの活用度合いが高い業種ほど、導入効果が高い場合が多いように見受けられます。

グーグルやフェイスブックといったインターネット企業が、ＡＩ活用において最も進んでいる企業であることは疑いの余地がない事実です。グーグルではすでに１５００を超えるプロジェクトにＡＩ技術を適用しており、音声対話型アシスタントの「グーグルアシスタント」や検索エンジンなど、多くのコンシューマー向けサービスにＡＩを活用しています。こうした、コンシューマー向けのインターネットサービスでＡＩ活用が先行している理由のひとつが、導入効果や投資対効果が高いことです。たとえば、インターネットサービスには何億ものユーザーが存在します。このため、ＡＩを活用したリコメンドによってＥＣサイトの成約

トヨタはAIへの取り組みを拡大している（写真はトヨタ本社のショールーム）

率が数パーセント上がっただけで、膨大な収益をもたらすことになります。

また、日本において、急速にＡＩへの取り組みが拡大しているのが製造業です。なかでも自動車業界のＡＩへの積極的な取り組みは目を見張るものがあります。２０１６年１月、トヨタ自動車は、ＡＩの研究・開発を行うトヨタ・リサーチ・インスティテュート社を米国に設立しました。５年間で５０００万ドルという巨額投資に加え、ＣＥＯにはＤＡＲＰＡでロボットのプロジェクトを率いていたギル・プラット氏を招聘。さらに、マサチューセッツ工科大学（ＭＩＴ）とスタンフォード大学の第一線の研究者を数多く参加させるという熱の入れようです。自動走行車やロボットなど、膨大な数の製品に同一のＡＩを適用可能な場合も、投資を回収しやすいビジネスです。さらに、こうしたＡＩを組み込んだ製品を利用することで、代替可能となる業務でも導入効果が期待できます。たとえば、自動走行車の運輸・運送業への導入におけるＡＩ導入効果への期待は改めて言うまでもないことです。

これに対して、一般企業の業務分野での活用については、投資対効果が高い領域を模索している段階です。現在のＡＩの技術では、機械学習によるモデルの開発とそれを学習させるためのデータの準備に相当のコストが必要となります。そのため、ＡＩの導入に際しては、技術的に従業員の支援や代替が可能か否かだけでなく、投資効果があるかどうかを個別に評価する必要があります。

学習データには、適用する領域によって異なる粒度の知識が必要です。コンシューマー向けのサービスであれば、新聞記事やニュースレベルの一般知識でカバーできますが、医学や金融、法律分野向けのサービスを構築するためには、業界知識が必要となります。さらに、企業向けのサービスを構築するとなると、企業固有の業務知識の整備と、それらを用いたモデルの学習が必要です。そのため、各企業に特化したＡＩを開発するには、出来合いのＡＩを導入するのが難しく、個別の企業が独自のデータで学習させたＡＩが必要となり、コスト負担が大きくなりがちです。

ではこの状況において今後企業はＡＩやロボットに対して、どのように取り組んでいくべきなのでしょうか。以下では、まず技術面と労働市場の観点から改めて現状確認をしたいと思います。

職業代替可能性を押し広げる「子供のＡＩ」

今までにコンピュータや、産業用ロボットのようなものは多くの企業で使われており、人の作業支援や代替、場合によっては人では不可能なことも実現してきました。こうした、人にとって難しいけれども機械にとっては簡単だった作業がある一方、人間にとっては子供にでさえ簡単にできるけれども、機械には簡単にできない作業があります。

ＡＩの研究者たちは、こうした事象をとらえて「モラベックのパラドクス」と名付けました。モラベックのパラドクスとは、大人ができることよりも子供ができることをコンピュータに実現させる方が難しいということです。この考えは、１９８０年代にハンス・モラベック、ロドニー・ブルックス、マービン・ミンスキーといったＡＩの研究者たちが明確化したものです。モラベックは「コンピュータに知能テストを受けさせたりチェッカーをプレイさせたりするよりも、１歳児レベルの知覚と運動のスキルを与える方がはるかに難しいか、あるいは不可能である」としています。

ＡＩ研究の第一人者である東京大学の松尾豊先生は、子供が成長に合わせて言葉をしゃべるようになったり、ものをつかんで動かすようになったりなど、子供が経験から学んでいくような知的活動を「子供のＡＩ」と呼んでいます。それに対して、ビッグデータを活用し、人が専門的知識を活用して詳細な振る舞いまで設計しているＡＩを「大人のＡＩ」としています。

「子供のＡＩ」は、モラベックのパラドクスで示唆された、従来は機械にやらせることが非常に難しかった作業を実現するＡＩです。そして現在起きているのは、「子供のＡＩ」がまさにディープラーニングなどの先端的な機械学習の技術によって可能になってきたということです。

人間にしかできないと思われていた、さまざまな作業が次々と実現しています。たとえば視覚情報からコーヒーカップと椅子を識別すること、2本の脚で歩き回るロボット、ベッドルームからリビングまでの経路を見つけるといったことが実現しているのです。そのため、ＡＩやロボットのビジネス活用に対する今までにない可能性が高まるとともに、既存の職業に対する支援や代替の可能性が高まると予想されているのです。

少子高齢化対策としてのＡＩ活用

日本は世界でも類を見ないスピードで少子高齢化が進展しています。人口推移のうち、経済・労働環境を考える上でとくに問題になるのは、「生産年齢人口」です。「生産年齢人口」は生産活動に従事しうる15～64歳の人口で、日本では１９９５年の８７２６万人をピークに減少し始めています。ピークから20年を迎えた２０１５年時点で７７０８万人と、１０００万人以上も減少しています。

予想では、２０３０年には「生産年齢人口」が６７００万人ほどになり、「生産年齢人口率」は63・８％（２０１０年）から58・１％（２０３０年）に低下するといわれています。このように、日本では単に人口が減少するだけでなく、「生産年齢人口」が大幅に減少するという事態に直面することになります。世界の中でも、日本はこうした課題にいち早く直面する先進国であり、これらの課題の解決に向けた、ＡＩやロボットの活用に期待が広がっています。

もちろん、少子高齢化対策はＡＩやロボットの活用のみで解決するものではありません。労働者の減少への対応としては、外国からの働き手の受け入れを主張する人たちもいます。経団連でも15年の夏季フォーラムで移民の受け入れについて、「移民に頼らざるを得ない。（閉じている）ドアを開けにいかないといけない」などと言及しています。しかし、人口減少の影響は、いわゆるブルーカラーのみでなく、高度な専門知識を必要とするようなホワイトカラーにまで及ぶと予想されます。そのため、日本が今後必要とする人材が移民という形で補塡されるかは議論がされるべき点だと思います。

とくに高度な人材を移民として受け入れるためには、日本が移民にとって働きやすい国であるかという点への考慮も必要です。移住する側にも移住先の選択肢があり、日本が彼らにとって選ばれる国でなければなりません。日本が今まで移民を受け入れる土壌がなかったという点ひとつとってもハードルの高さを感じますが、給与水準や長時間労働の観点からも欧米諸国と比較して見劣りする点も多いといったことを、われわれはきちんと認識すべきだと思います。

また、業種、業務によっては、人材不足は喫緊の課題となっており、移民などの制度変更を待てない状況になっています。帝国データバンクが２０１６年に実施した調査によると、正社員について「不足」していると回答した企業は37・９％で、企業の約４割が正社員の不足を感じています。また、非正規社員が「不足」していると回答した企業は24・９％となっています。業種別に見ると、非正規社員では、「飲食店」の79・５％に次いで「飲食料品小売」「娯楽サービス」「旅館・ホテル」「メンテナンス・警備・検査」が50％以上の企業において人材不足であると回答がありました。とくに、「飲食店」「飲食料品小売」「旅館・ホテル」「メンテナンス・警備・検査」の４業種は、正社員においても50％以上が人材不足と考えており、雇用形態の違いにかかわらず、人手が足りていない様子がうかがえます。すでに大手の飲食店のチェーンが、一部の店舗の一時休業や時間帯休業の措置を取る対応をしており、今後他の業種、業態においてもこのような事態が広まることが懸念されます。

２　重要になる人と機械の共生

現在、「子供のＡＩ」が利用可能となり、従来不可能であった業務に対しても、ＡＩやロボットが活用できつつあります。その結果、日本が抱える人材不足の問題を、業務の効率化によって対応できる可能性も高まっています。一部の業務を除き、現在の技術ではコストや機能の面で、ＡＩやロボットによって人の業務を完全に代替することは困難ですが、人を支援することにより業務効率を向上できる可能性は今後ますます拡大するでしょう。

短期的には、ＡＩやロボットによる職業の代替リスクを懸念するよりも、人と機械が協調して働くことにより、より少ない人数で同等以上の業務を遂行できるようにするための方策を模索すべきだと思います。

しかし、人とAIやロボットが協調して働ける環境を構築するためには、技術や制度設計など多くのハードルがあります。以下では、技術面でハードルを下げる方策として、人と機械の協調を支援する技術としてのナチュラルインタフェースの役割について説明します。

ナチュラルインタフェースが実現する人の能力拡張

今後、ナチュラルインタフェースは、アップルのＳｉｒｉのように、ネットワークサービスとして人の生活や活動を支援するだけでなく、人の能力を拡張させるようになります。拡張が期待される人の能力には2種類あります。1つは知力や知覚能力などの情報処理に関する能力であり、もう1つは筋力のように運動に関する能力です。

人が知覚する実世界を、コンピュータやデバイスの機能を利用して拡張する「拡張現実（Augmented Reality）」という技術があります。この技術は、たとえばグーグルグラスなどを利用して、人が見ている街並みに住所や店舗の情報などを重ねて表示するといったように、実世界を拡張した形で人に情報を提供するため、拡張現実という名称で呼ばれています。しかし、この技術はデバイスなどによって、人の知覚能力を拡張し、新たな形で実世界をとらえることができるようにする技術と位置づけることもできます。今後、ナチュラルインタフェースやグーグルグラスのようなウエアラブルデバイスの進化により、実世界だけでなくネットワークの世界の情報も、人が望む時に、その場のコンテクストに合わせて利用することが可能になるなど、人の知力や知覚能力の拡張はますます増大することになります。

こうした人の能力の拡張は運動に関する領域でも、今後活用が進むと予想されます。筑波大学発のベンチャー企業サイバーダインは、身体機能を改善・補助・拡張することができるサイボーグ型ロボットであるＨＡＬ（Hybrid Assistive Limb）を開発しています。利用者は、身体にＨＡＬを装着することで、「人」「機械」「情報」が融合し、身体の不自由な人のアシストや、通常よりも大きな力を出すこと、さらには、脳・神経系への運動学習を促すことができます。たとえば、作業支援用のＨＡＬを身体に装着することにより、利用者は重量物を持ったときに腰部にかかる負荷を大幅に低減することが可能となり、重労働を楽に行うことができます。

ＨＡＬは、人が体を動かすときに脳から筋肉へ送られる信号〝生体電位信号〟を読みとって、その信号の通りに動きます。つまり利用者が脳で考えた通りに、ＨＡＬはその動きをサポートします。このように、ＨＡＬもナチュラルインタフェースを備え、人の運動能力を拡張する機械としてとらえることができます。

急速に近づく人と機械

ここまで、ナチュラルインタフェースの進化により、個としての人が機械によってその機能を拡張する可能性について紹介しました。同様に、企業などの組織においてもナチュラルインタフェースを有したＡＩやロボットと人が、いかにして共に活動をしていくかを検討する必要があります。

ナチュラルインタフェースによって、機械と人との間のコミュニケーションはより垣根が低くなり、高度なＩＴの利用が拡大します。しかし当面は、事前に機械の機能を発揮できるよう環境を整えたり、運用時に人が機械の支援をしたりしなければならないケースが少なくありません。

長崎のハウステンボスにある「変なホテル」（第3章）では、ロボットがフロントやポーターなどいくつかの業務を人の代わりに行っていますが、ロボットを利用するために環境面での整備をしています。具体的には、フロント業務を円滑に行えるように、客が名前の記帳を完了したことを知らせるためのボタンを用意したり、ポーターのロボットが通路を認識できるように廊下にタグを埋め込むといった工夫をしています。

また、ＩＢＭのワトソンを利用した大手金融機関におけるコンタクトセンターでの利用事例の場合、顧客とワトソンが直接対話するのではなく、コンタクトセンターのオペレーターがワトソンの回答候補から適切なものと考えられるものを選択しています。そして、ワトソンが提示した回答が適切であるか否かもオペレーターが評価するなど、ワトソンの回答の品質を高めるための学習データの構築にもオペレーターが一役買っています。

今後、機械がナチュラルインタフェースを獲得することにより、人と機械との距離は急速に縮まります。その結果、人と機械との間に新たな共生関係が生まれると考えられます。しかし、その共生関係を上手く機能させるためには、人と機械の特徴を良く理解し、人と機械がお互いに活動しやすい環境を整えることや、人が機械の学習を支援する必要があります。企業は能力を拡張した人と機械による新たなチームが、力を発揮できるような業務の運用方法を模索することになるでしょう。

3　規制緩和や法整備が重要に

ＡＩやロボットの活用を拡大していく上での課題は、技術のみではありません。規制緩和や法律などの制度の整備が必要不可欠です。

政府が提唱する「ロボット新戦略」

政府は、「日本再興戦略」改訂２０１４で掲げられた「ロボットによる新たな産業革命」の実現に向けて、ロボット革命実現会議を開催し、２０１５年1月に「ロボット新戦略」をとりまとめました。政府は、「ロボット新戦略」を検討した背景を、少子高齢化、生産年齢人口の減少が進展する中、ロボット技術が、製造業の生産現場、医療・介護現場、農業・建設・インフラの作業現場などの幅広い分野で、人手不足の解消、過重な労働からの解放、生産性の向上などの社会課題を解決する可能性があるためとしています。

「ロボット新戦略」では、ロボット革命実現に向けた戦略および、分野ごとの以下の３つのアクションプランをとりまとめています。

①日本を世界のロボットイノベーション拠点とする「ロボット創出力の抜本強化」
②世界一のロボット利活用社会を目指し、日本の津々浦々においてロボットがある日常を実現する「ロボットの活用・普及（ロボットショーケース化）」
③ロボットが相互に接続しデータを自律的に蓄積・活用することを前提としたビジネスを推進するためのルールや国際標準の獲得等に加え、さらに広範な分野への発展を目指す「世界を見据えたロボット革命の展開・発展」

とくにロボットショーケース化においては、日本全体の付加価値の向上や、生産性の抜本的強化が期待される分野として、ものづくり、サービス、介護・医療、インフラ・災害対応・建設、農林水産業・食品産業の５分野を特定するとともに、ロボットの実社会における活用を拡大していくため、規制緩和、ルール整備の両方の観点からバランスのとれた規制・制度改革を推進するとしています。とくにロボットの実態や技術進歩を適切に踏まえた上で、人とロボットが協働するための新たなルール作り、不必要な規制の撤廃等を一体的に進めるとしており、具体的には、以下の項目等について、検討を進めていくこととしています。

●ロボットに関する電波利用システム（電波法）
●ロボット技術を活用したものを含む新医療機器の審査期間（医薬品医療機器等法）
●ロボット介護機器に係る介護保険適用種目追加の要望受付・検討等の弾力化（介護保険制度）
●搭乗型支援ロボットや自動走行に関するルール（道路交通法・道路運送車両法）
●無人飛行型ロボットに関するルール（航空法等）
●公共インフラ・産業インフラ維持・保守におけるロボット活用方法（公共インフラ維持・保守関係法令、高圧ガス保安法等）
●消費者保護のための枠組み（消費生活用製品安全法、電気用品安全法）

自動走行に関する法制度の整備

こうしたルール整備のなかで、もっともホットな領域が自動走行車に関連した法制度の整備です。現在、自動走行車はその技術のレベルに応じて4段階に分けられています。レベル1はアクセルやブレーキ、ハンドル操作のいずれかを自動車が行います。レベル2はアクセルやブレーキ、ハンドル操作のうち複数の操作を同時に自動車が行います。レベル３ではアクセルやブレーキ、ハンドル操作のすべてを自動車が行いますが、緊急対応はドライバーがすることになっています。それに対して、レベル４では緊急時対応も含めすべての操作を自動車がする完全自動走行システムとなります。

レベル３までのいわゆる準自動走行システムは、現行法やジュネーブ条約などの国際条約に抵触することなく導入が可能と考えられています。しかし、レベル４の完全自動走行システムについては、現行法の定める範囲を超えています。

現在、世界のほとんどの国がウィーン条約（１９６８年制定）または（および）ジュネーブ条約（１９４９年制定）という道路交通に関する国際条約に基づいて車両の運転をしていますが、これらの条約では車両には運転者が必須であるとしています。たとえばジュネーブ条約では、「一単位として運行されている車両又は連結車両には、それぞれ運転者がいなければならない」と規定されています。そしてジュネーブ条約を採択している日本の道路交通法には、「車両等の運転者は、当該車両等のハンドル、ブレーキその他の装置を確実に操作し、かつ、道路、交通及び当該車両等の状況に応じ、他人に危害を及ぼさないような速度と方法で運転しなければならない」と規定されています。

無人運転を実現するような自動走行車は今のところ市販されていません。そのため現在の法制度は、自動車の一般ユーザーにとっては何の影響もありませんが、自動走行車を開発しているメーカーにとっては重要な問題となります。自動走行車を開発するためには、今までの自動車開発以上に一般道路での走行テストが必要となります。しかし現行法のままではレベル4の自動走行車を一般道路で走らせることができません。そのため、自動車産業を重視している米国や欧州各国は法整備を急いでいる状態です。

このような動きにあわせて、国際条約の見直しも進められています。2016年3月に行われた国際連合欧州経済委員会（UNECE）道路交通安全作業部会（WP1）では、「運転者が車両制御可能な能力を有し、それが可能な状態であれば、運転者が車両外にいても実験は可能」という合意がなされました。

米国ではカリフォルニア州において、2016年9月に運転者が乗車しなくても、遠隔のオペレーターとの通信機能があれば、車両の公道実証・実用化の申請が可能となる規則案を公表しました。米国ではカリフォルニア州以外にもネバダ、フロリダ、ミシガン、ハワイなどで自動走行車をテストするための法整備をしている地域がありますが、テスラやグーグルなど自動走行車の開発を推進している企業の拠点が多いカリフォルニア州において、テストが可能になるということは、研究開発推進に向けた大きな促進剤となると思われます。

日本では、限定地域における遠隔型自動走行システムによる無人自動走行移動サービスの公道実証の実施に向けた現行制度の特例措置の必要性、および安全確保措置に関する検討がされています。２０１８年度には、経済産業省と国土交通省主導で自動走行車を使った高齢者向けの送迎サービスなどの実証事業が行われます。今後、東京オリンピック・パラリンピックが開かれる２０２０年に向けて、無人タクシーなど民間企業によるサービスが始められるように法整備が進むことが期待されます。

倫理問題への対応

自動走行車を実用化するためには、現行の法制度との整合性をとるだけでなく、倫理面や道徳面での課題も検討する必要があります。倫理面での代表的な問題に「トロッコ問題」があります。

「トロッコ問題」とは「ある人を助けるために他の人を犠牲にするのは許されるか？」という倫理学の思考実験です。具体的には、線路を走るトロッコが制御不能で止まれなくなり、そのまま走ると線路の先の５人の作業員を轢《ひ》いてしまうが、線路の分岐点で進路を変えると、その先の1人の作業員を轢いてしまうとき、進路を変えることが正しいか否か、といった思考実験です。

この問題を自動走行車に適用すると、以下のようなケースが考えられます。自動走行車の前に歩行者が飛び出してきた場合、歩行者を避けるために運転者の危険を覚悟でハンドルを切るか、それとも、運転者の安全を優先して歩行者を轢いてしまうのか、といった問題です。

こうした問題に対して、すべての人が納得するような正しい答えはありませんが、ある種のアルゴリズムやプログラムに従って動作する自動走行車においては、こうしたさまざまな事象への対応のルール作りをする必要があります。また、事故が発生した場合の責任の所在についても議論が必要となります。レベル1やレベル2の自動走行車の場合、運転者が事故の責任を持つということに対しては議論の余地がありません。しかし、レベル3や4の自動走行車に関しては、車の製造者と運転者のどちらが責任を負うべきなのかは議論が必要な問題となっています。

AIは今後われわれの生活や経済などに大きな影響を与えると考えられており、その影響についての予測や対応を検討する活動が世界的には活発化してきています。

イギリスでは、2005年にオックスフォード大学の哲学科の中にAIや気候変動等の人類存亡のリスクを扱う哲学者や倫理学者から成る組織としてFuture of Humanity Institute（ＦＨＩ）が設立していましたが、２０１２年にはケンブリッジ大学の人文社会学研究所にＡＩを含む先端技術のリスクについての哲学的、倫理的な研究をするCentre for the Study of Existential Risk（ＣＳＥＲ）が設立されました。

米国では、２０１４年にThe Future of Life Institute（ＦＬＩ）が設立されました。ＦＬＩはマサチューセッツ工科大学（ＭＩＴ）やハーバード大学を擁するボストンを活動の中心としており、人類がＡＩなどの新技術を制御可能にするための研究を支援しています。同団体に対しては、ＡＩの危険性を訴えるイーロン・マスクが12億円もの寄付をしたことでも注目を集めています。

ＡＩ発祥の地であると自負するスタンフォード大学においても、２０１４年にOne Hundred Year Study on Artificial Intelligence（ＡＩ１００）が設立されました。ＡＩ１００では、人工知能の社会や経済に対する１００年先までを含む長期的な影響を学際的に考える材料を提供することを目標として掲げています。研究メンバーには法律家なども含まれており、法制度や倫理、政治経済への影響や、人間と機械の共同のあり方など、多様なテーマを扱っています。

日本においても２０１４年に人工知能学会に倫理委員会が設立され、２０１６年６月に開催された全国大会において倫理綱領が発表されました。この倫理綱領は「人類への貢献」「誠実な振る舞い」「公正性」「不断の自己研鑽」「検証と警鐘」「社会の啓蒙」「法規制の遵守」「他者の尊重」「他者のプライバシーの尊重」「説明責任」の10項目で構成されており、人工知能技術の研究開発に対する指針になることを目的としています。

こうした動きは、学術界のみでなく産業界にも広がりを見せています。2016年9月には、フェイスブック、グーグル、グーグル傘下のディープマインド、マイクロソフト、アマゾン、IBMの6社がAI普及を目指す非営利団体「Partnership on Artificial Intelligence to Benefit People and Society（Partnership on AI）」を立ち上げました。この団体は、AIがいかに人類に貢献し、安全であるかを世に知らしめることと、AIのベストプラクティスを共有することを目的としています。

日本では、人工知能学会以外にも政府主導でAIの普及に向けた課題の検討を進めていますが、検討メンバーの多様性や論点抽出という点では欧米の方が一歩先んじています。今後、AIやロボット普及に向けた課題の明確化や解決への方策を検討し、さらにはAIを実装した製品やサービスの輸出入に際して生ずる可能性があるリスクを軽減するためにも、日本は海外の研究機関との連携を積極的に進めるべきと思います。

知的財産の問題

ＡＩの性能が向上するにしたがい、ＡＩによる創作物の著作権の扱いも問題になりつつあります。問題になっている点は、ＡＩによる創作物が人間による創作物と質的に変わらなくなった時に、ＡＩによる創作物を知財制度上どのように取り扱うかということです。

現在の著作権法では著作物の創作と同時に、著作権が発生し、著作権は創作主体に帰属することになっています。そして著作物とは著作権法上、「思想又は感情を創作的に表現したもの」と定義されています。そのため、現行制度では、ＡＩが自律的に生成した生成物（ＡＩ創作物）は、思想または感情を表現したものではないため著作物に該当せず、著作権も発生しないと考えられています。

しかし、近年のＡＩの進化にともない、すでに音楽や絵画、小説など多くの分野の創作物で人間による作品と質的に遜色がないものが作られようとしています。果たしてこのままＡＩが創造したコンテンツは誰もが無償でコピーしても何の問題もないのでしょうか。

こうした問題には、政府の政策会議「知的財産戦略本部」において検討が進められています。政策会議では、「新規ビジネス創出と知財制度（イノベーション創出と知財保護のバランス）」をどうするかが論点となり、今後以下のようにＡＩの創作物に対しても知財を保護する方向で検討を進めることになりました。

●たとえば市場に提供されることで生じた価値などに着目しつつ、一定の「価値の高い」ＡＩ創作物について、それに関与する者の投資保護と促進の観点から、知財保護のあり方について具体的な検討を行う。

●制作ができるような人工知能の構築において、重要なビッグデータの収集・活用に優位性を有するプラットフォーマーについて、ビジネスモデルの実態把握等を含め、その影響力について調査分析を行う。あわせて、ビッグデータの蓄積・利活用の促進に向け、データ共有に関する先行事例の創出や、データ共有に係る契約のあり方について検討を進める。

●ＡＩ創作物など新しい情報財と知財制度の関係について、国際的な議論を惹起する観点から、我が国における検討状況の海外発信に努める。

また、今後こうした問題は芸術的な創作物やコンテンツのみでなく、医薬品や科学的発明など特許に関連するような領域でも生ずる可能性があります。制度の設計によっては、膨大な計算機リソースを有する企業や高性能なＡＩを開発した企業が、大量の創造物を自動的に生成し、知的財産を独り占めする可能性もあります。

ＡＩの進化に対する制度設計はその影響の予測の難しさから、今後も難航する可能性があります。しかし、こうした制度設計は、今後日本企業がＡＩやロボットを活用した製品やソリューションを海外展開する際にも、非常に大切なテーマです。自動走行車や人と協調して動くロボットなど日本にとって重要性が高い製品に関しては、戦略的に制度設計をし、世界標準としていくことが期待されます。

第6章　日本に勝機はあるのか

1　シンギュラリティとは

ＡＩの進歩にともない、いずれ「ＡＩが人間の能力を超え、シンギュラリティが来るのではないか」という予測に注目が集まっています。シンギュラリティとは果たしてどのようなことなのでしょうか。シンギュラリティは日本語では「特異点」と言います。特異点という言葉は、数学や物理学の世界で使われる用語で、ある基準の下、その基準が適用できない(singular)点を総称するものです。そのため、特異点には何か基準となるものが必要であり、「～における特異点」「～の特異点」という使い方をするのが一般的です。宇宙物理学で扱われる特異点に関連して有名なものにブラックホールがあります。ブラックホールには密度、重力が無限大である「重力の特異点」があると考えられています。「重力の特異点」では、時空も無限に曲がり、私たちが生活している通常の世界における時間や空間の基準が適用できなくなります。

技術的特異点（シンギュラリティ）

こうした特異点の考え方を技術進歩の世界に持ち込み、「技術的特異点」という概念を最初に広めたのは、数学者であり作家でもあるヴァーナー・ヴィンジです。ヴィンジは１９９３年に“*The Coming Technological Singularity*”というエッセイにおいて、「来るべき技術的特異点によって新しいスーパー・インテリジェンスが自らをアップグレードし続けるようになり、技術的には理解不能な速さで進歩し、人類の時代は終わりをつげる」と記しています。現在、ＡＩの文脈でシンギュラリティが語られている場合は、この「技術的特異点」のことを意味しています。

シンギュラリティという言葉はこのように20年以上も前からあった概念ですが、今日のシンギュラリティに対する関心の高まりは、未来学者レイ・カーツワイルが２００５年に書いた『ポスト・ヒューマン誕生』という書籍で、２０４５年にシンギュラリティが起きるとしたことに起因しています。カーツワイルはその著書において、「２０４０年代の中盤には１０００ドルで買える計算能力が10の26乗ｃｐｓ（ｃｐｓは一秒あたりの計算回数）に到達し、１年間に創出される知能は、今日の人間のすべての知能よりも約10億倍も強力になる」としています。そして、その結果として人間の能力が根底からくつがえり、変容するシンギュラリティが2045年に到来すると予想しています。

シンギュラリティの実現手段

では、カーツワイルはどのような考えに基づいて、2045年にシンギュラリティが到来すると予想したのでしょうか。彼の予測の背景にあるのは、収穫加速の法則というものです。この考えは、コンピュータの性能向上など多くの情報関連の技術に見られる加速度的な成長に関する数学的なモデルから構築されたものです。彼が、なぜこうした未来予測をするにいたったかを知るために、彼のバックグラウンドについて少しお話ししたいと思います。

未来学者として知られているカーツワイルですが、高校生の時にテレビ番組でコンピュータに作曲させた音楽を披露し、その発明で国際科学フェア第1位を受賞するなど、元々は発明家として名を馳せた人物です。彼は、オムニ・フォント式OCRソフト、フラットベッド・スキャナー、カーツワイルブランドのシンセサイザー、文章音声読み上げマシーンなど多くの発明をし、米国の大統領から3度も賞を授与されています。

カーツワイルが未来予測に取り組み始めたのは1970年代です。そのきっかけは、発明品が世に出る時に、発明を考案した時と比べてマーケットや技術的な環境が変化してしまっていることによる問題を解決したいと考えたことにあります。技術の進化が予測できれば、その結果としてマーケットや社会制度の変化も予測することが可能となり、より適切な発明を世に出すことができるようになると考えたのです。

こうした思想のもとに彼がたどりついたのが、収穫加速の法則です。収穫加速の法則は技術進歩のプロセスにおいて、能力が直線的でなく指数関数的に向上するという法則です。また、技術が指数的に向上する要因として、「進化は正のフィードバックを働かせるためである」としています。すなわち、技術進化のある段階で得られた強力な手法が、次の段階の進歩を生み出すために利用されます。ゆえに、次の進歩までの期間は短縮され、イノベーションはその速度を加速していくというものです。

カーツワイルはこの収穫加速の法則をもとに、シンギュラリティが２０４５年に到来すると考えました。彼が考えるシンギュラリティの実現要素には、大きく分けて2つあります。ひとつはコンピュータの性能で、もうひとつは脳の機能をコンピュータ上で再現する技術です。コンピュータの性能の向上に関してはムーアの法則が有名です。ムーアの法則によれば、集積回路に使われるトランジスタの数は18カ月ごとに倍に増えることが知られており、半導体の高集積化にともないコンピュータの性能も向上し続けています。半導体の製造技術的には最近、ムーアの法則に陰りがでてきていることも事実ですが、並列処理技術などにより、今後も継続的にコンピュータの性能が向上し続ける可能性は高いと思われます。

一方、コンピュータの性能向上と異なり、脳機能をコンピュータ上で再現する技術はまだ確立されていません。カーツワイルは、脳のリバースエンジニアリングを行うことによってこの課題を解決しようとしています。リバースエンジニアリングとは、ハードウェアやソフトウェアを分解、解析することによって、動作原理や製造方法を知るための手法です。

脳のリバースエンジニアリングをするためには、いくつかのステップが必要です。まず、脳の内部を詳細に知る必要があります。さらにそれをモデル化し、最終的には脳の各領域をシミュレートしなければなりません。カーツワイルはこうした技術は2029年には利用可能となり、人間の知識や意識をコンピュータ上で再現することが可能になるとしています。そしてカーツワイルはこの考えを実現すべく、現在グーグルで大脳新皮質をコンピュータシミュレーションするプロジェクトに取り組んでいます。

カーツワイルが最初にシンギュラリティに対する考えを世に出した時には、脳のリバースエンジニアリングといった考えは突拍子もないものに思われ、あまり周囲から受け入れられませんでした。それが一転して、近年シンギュラリティに注目が集まっている理由のひとつに、ディープラーニングによるＡＩの急速な進化があります。ディープラーニングによって、今まで不可能だと思われていた自動走行車や機械翻訳の実現性が高まり、シンギュラリティの到来に対する期待や不安が高まっているのです。

しかし、カーツワイルが人間の知能を超える手段として想定しているのは脳のリバースエンジニアリングであり、ディープラーニングではありません。彼が想定するシンギュラリティの実現には、まだ実用化されていない新しい技術革新が必要であり、今日のＡＩの進歩とシンギュラリティを結びつけるのは早計です。

脳の機能解明を目指す国際プロジェクト

実は、ここ数年の科学技術の進歩にともない、脳のリバースエンジニアリングという考え方は、まったく荒唐無稽だと言えなくなってきています。欧米では政府主導で脳の機能の解明を目指す巨大プロジェクトが動き始めています。米国では、２０１３年４月２日にオバマ前大統領が、ブレイン・イニシアティブへの取り組みを発表しており、同年、ＥＵもヒューマン・ブレイン・プロジェクトを開始しています。

米国のブレイン・プロジェクトは、「アポロ計画」「ヒトゲノム計画」に匹敵する巨大科学プロジェクトです。このプロジェクトは、技術革新を基盤として脳のネットワークの全体像を解明することを目的としています。すなわち人がどのように考え、学習し、記憶するかなど、脳の部位ごとの役割を解明し、「脳マップ」を作成することで、脳の働きの全容解明を目指すということがプロジェクトの柱となっています。

2016年10月には、米国のブレイン・プロジェクトを主導する国立衛生研究所（NIH）が、第3次助成に関する発表をしました。発表によると、NIHの2016年度の投資総額は1億5000万ドルを超え、60の研究機関に提供されるとしています。この助成により、神経回路の機能を解明し、活動中の脳の動的な姿を捉えるための新たなツールや技術を開発するというNIHの取り組みが拡大されることになります。

具体的なプロジェクトとしては、研究者が脳のスキャンによって自閉症やアルツハイマー病の検出や診断をする場合の補助となるコンピュータ・プログラムの開発、超音波を使用して脳細胞を精確に刺激する帽子の作製、脳の活動をワイヤレスで記録するための微小な電気センサーで構成する「神経の塵」（Neural Dust）システムの作成、脳卒中患者の生活支援に必要な現行のリハビリ技術の向上策などがあります。

またEUのヒューマン・ブレイン・プロジェクトでは、脳のさまざまな実験結果をデータベース化したプラットフォームを整備することによって、脳の情報処理の仕組みを解明し、それを利用した情報処理技術開発を目指しています。米国の取り組みがやや基礎研究や医療向けの成果を重視しているのと比べて、ＥＵの取り組みは医学的な側面だけでなく、情報処理システムの新しいモデルとしての脳にも焦点があてられています。発足当時、ヒューマン・ブレイン・プロジェクトはプロジェクト運営に透明性が欠けるなど多くの問題点が指摘されていましたが、成果も出てきています。スイス連邦工科大学教授のヘンリー・マークラム教授が率いる研究チームは、２０１５年に０・２７立方ミリメートルに相当するラットの脳の一部を、３万のニューロンと３７００万のシナプスで構築し、その動作をシミュレーションすることに成功しました。研究チームは次にラットの脳全体のシミュレーションを目指すとしています。ヒューマン・ブレイン・プロジェクトは、野心的なプロジェクトであるだけに、今後の動向が注目されます。

強いＡＩ・弱いＡＩ

ＡＩの種類の分類として、第1章で「特化型人工知能」と「汎用人工知能」について紹介しましたが、このほかにも「弱いＡＩ」と「強いＡＩ」という分類があります。これらの言葉の意味は、それぞれ「特化型人工知能」「汎用人工知能」とほぼ同じ意味ですが、「強いＡＩ」には汎用というだけでなく、人間のように意志や精神を持ったＡＩであるという意味合いを込めて使われることが多いように思います。

ちなみに、カーツワイルが２０２９年に実現すると予測しているＡＩは、たんなる「汎用人工知能」ではなく、人間と同じ知能や意志を有した「強いＡＩ」です。そして２０４５年のシンギュラリティが到来した時には、全人類の知能を合わせた能力を超えた「超人工知能(Artificial Super Intelligence)」が実現するとしています。

シンギュラリティ後の世界を、カーツワイルはきわめて楽観的にとらえています。彼は、遺伝子工学およびナノテクノロジーと「強いＡＩ」によって実現されるロボット工学の３つの技術が、シンギュラリティを支える主要技術だとしています。そして、これらの技術の革命によって、疾病、貧困、環境破壊などの人類が抱える多くの課題が解決されるとともに、人類自体もＡＩと融合することにより生物学的な制約を超えた進化を遂げるとしています。

「強いＡＩ」は人類を滅ぼすのか

一方最近巷では、シンギュラリティの到来にともない、意志をもった「強いＡＩ」によっ

イーロン・マスク氏はAIの危険性を語るが……

て人類が滅ぼされる恐れがあるのではないかという懸念が広がっています。「強いＡＩ」によって実現されるロボットを、映画の「ターミネーター」の世界に重ねているのです。

こうした懸念に拍車をかける要因となっているのが著名人によるＡＩの進化に対する懸念の表明です。英国の宇宙物理学者スティーヴン・ホーキング博士は、２０１４年にＢＢＣのインタビューに対して、「完全なＡＩを開発できたら、それは人類の終焉を意味するかもしれない」と発言するなど、継続的にＡＩ開発に対する警告を発しています。また、テスラやスペースＸのＣＥＯであるイーロン・マスクもマサチューセッツ工科大学（ＭＩＴ）の航空宇宙学科１００周年記念イベントに登壇した際に「ＡＩにはかなり慎重に取り組む必要がある。結果的に悪魔を呼び出していることになるからだ。悪魔を呼び出す者は悪魔を操ることができると確信しているが、結局はできないのだ」とＡＩの危険性を語り、世界レベルで慎重に議論すべきだと注意を促しています。

こうした発言に対して、ＡＩの専門家からの反論も起きています。アルファ碁を開発したディープマインドのデミス・ハサビスは、ＡＩの倫理的運用や危険性については思慮しつつも、こうした「技術的素人」がいたずらに世論を煽ることに対して苦言を呈しています。では、他のＡＩの専門家はどのように考えているのでしょうか。

２０１４年にオックスフォード大学の研究者であるヴィンセント・ミュラーとニック・ボストロムは、ＡＩの専門家に対するアンケートを実施しました。その結果、「50％の確度で人間と同レベルの知能を創り出せるのは、何年になると思いますか？」という問いに対して、２０４０～45年という回答が得られました。さらに確度を90％にした問いに対しては、２０７０～75年という回答が得られています。また、ＡＩが人間に対して利益を与えるか否かという質問には、半数以上がきわめて良い、または良い影響を与えると回答しており、悪い影響、またはきわめて悪い影響を与えると予想した研究者の割合である約20％を大きく上回りました。

研究者の多くは将来を楽観視するだけでなく、より現実的な課題に取り組んでいます。たとえば、2016年6月にAIを研究する非営利団体のオープンAIが発表した「AIの安全性における具体的問題」という論文では、機械学習システムが意図した通りに動作することを保証するための研究上の問題を探求しており、強化学習によって作られるAI（ロボット掃除機のようなものを想定）に関して次の5つの分野について検討をしています。

①自らを破損させたりしないような安全な探検
②学習時と異なる環境での挙動の堅牢性
③周囲の物を壊すなど環境へ好ましくない影響を与えない（負の副作用を防ぐ）
④報酬を得るために故意に課題を作り出したりしない（報酬ハッキングを防ぐ）
⑤小さな報酬を積み上げることによって大きな目標を達成できるか

メディアではAIを危険視する発言が多くとりあげられているイーロン・マスクですが、彼がリンクトインのリード・ホフマンらと10億ドルもの資金を提供して設立したオープンAIが取り組んでいるテーマも、「意志をもったAIへの対応」ではなく、「AIを実際に利用する上での課題解決」なのです。

人間の故意または過失によるAIの誤動作

現在のところ意志を持つＡＩは実在していませんが、意志がなくともＡＩが人間や社会に意図しないような損害や不利益を与える可能性があります。その大きな要因が、人間の故意または過失によるＡＩの意図しない動作です。

２０１６年３月、マイクロソフトが開発したチャットボットのＴａｙは、リリース開始からたったの16時間後に停止させられました。Ｔａｙは、ツイッターなどのプラットフォームを通じてミレニアル世代（１９８０～２０００年生まれの世代）独特の会話を学ぶことを目的として設計されていました。しかし、この学習機能を悪用され、悪意のあるユーザーによって差別的な表現や暴力的な表現を教え込まれ、不適切な発言を連発してしまったのです。

マイクロソフトは、Ｔａｙが不適切な発言をした原因は「特定の攻撃に対する重大な過失」にあると公式ブログに掲載しており、悪意を持ったユーザーに対する事前の対応が不十分であったことを認めています。現在の多くのＡＩは、いわゆる普通の人間が持っているような常識がありません。そのため、悪意を持ったデータを排除することができず、発生頻度が高いデータを正しいデータとして学習してしまいます。この事件は、ＡＩを学習させる際に、人間の故意や過失によって学習データの品質低下が生ずる可能性や、学習データの低下がＡＩにどのような影響を与えるのかを再認識するための、ひとつの契機になったと思います。

２０１６年に起きたＡＩ関連の事故で注目されたのが、自動走行車の高速道路での事故です。米国家運輸安全委員会の予備調査の報告によると、この事故はテスラの運転支援システム「オートパイロット」の作動中に、高速道路を横切ろうとした大型トレーラーに衝突して運転者が死亡したというものです。予備調査では、事故原因については記載されていませんが、運転手が「オートパイロット」を過信したことが、事故要因のひとつではないかと考えられています。テスラの「オートパイロット」はレベル２のシステムです（レベルについては第５章を参照）。そのため、車が複数の運転機能の支援を行いますが、運転手がシステムの状態を絶えず監視し、安全を確保する責任があります。しかし、いったん運転のすべてをシステムに委ねてしまうと、緊急事態の際に人間がとっさの対応をするのは容易なことではありません。同様の問題は緊急対応のみを運転者に求めているレベル３の自動走行車にも当てはまります。

カリフォルニア大学で交通システムに関する研究をしているS・E・シュラドーバー博士によると、非常事態に運転手の注意を呼び起こすことはきわめて難しく、そのために多くの自動車会社がレベル3の自動運転を断念しようとしていると言います。博士によると、自動運転の作動環境を制限すれば、完全にシステムに運転を委ねるレベル4の自動走行車の実現性の方がレベル3よりも高いというのです。AIとしての技術的な課題解決だけでなく、人とAIのそれぞれの利点や欠点を踏まえた、より良いシステムデザイン実現に向けた研究開発が期待されます。

今後、AIの利用範囲は、我々の社会生活のいたるところに拡大すると予想されます。筆者の個人的な意見としては、現在のAIは人の知能を代替するものというよりは、新しいソフトウェア開発方法のひとつとしてとらえた方が適切なケースが少なくないように思います。AIを意図した通りに活用するためには、従来のソフトウェア開発と同様、AI開発の方法論の整備が必要不可欠です。具体的には、外部からの悪意のある攻撃への対策や、開発、運用過程における障害の低減、さらには人間と協調して機能する道具として、適切なシステムデザインがどうあるべきなのかといったことを検討することが重要になります。

2　ＡＩを持つものと持たないものの格差

本書ではこれまで、ＡＩの技術進化とそれにともなうビジネスや職業に対する影響について紹介してきましたが、ＡＩの進化は産業革命と等しく、国家レベルの経済にも大きな影響を与えるとの予想も出てきています。それは、ＡＩを持つものと持たないものの格差に起因しています。

劇的な変化が起きるポストＡＧＩ

第5章において、短期的にはＡＩの進歩による雇用の影響は限定的だとしましたが、「汎用人工知能」（ＡＧＩ）が実現する前と後では大きな違いが生じます。ＡＩと経済学の関係を研究している駒澤大学経済学部の井上智洋先生によると、シンギュラリティへの懸念よりも、その前に実現する「汎用人工知能」によってもたらされる「技術的失業」や経済成長への影響を問題視すべきだと言うのです。

「技術的失業」というのは経済学の用語で、新しい技術の導入がもたらす失業を意味しています。一般に、技術的失業は一時的な問題で、雇用は回復します。それは、技術的失業をもたらす要因となったイノベーションが新しい産業や職業を生み出すため、一度職を失った労働者は他の業種や企業へ転職できるからです。

しかし、「汎用人工知能」が出現すると雇用への影響は一変します。「汎用人工知能」は人間と同じように自ら学習し、さまざまな知的な作業を代替することが技術的には可能となります。その結果、新しく生み出された職業も「汎用人工知能」に奪われてしまい、人間にとっての新しい雇用の受け皿がなくなってしまう可能性があるのです。もちろん、技術的に「汎用人工知能」が実現可能となっても、その利用にともなう規制や倫理などの問題がすべて解決できる保証はありません。そのため、業務内容や利用シーンによって、ＡＩの利用が制限されたり、人間との共同作業が必要となるケースも当然想定されます。また頭脳としての「汎用人工知能」が実現しても、身体性がともなわなければ、人間が手足を使って行うような業務を代替することはできません。

第5章において議論したように、「汎用人工知能」であっても、投資対効果の問題で導入が見送られる可能性もあります。しかし、「汎用人工知能」は自ら学ぶことができるため、知識を獲得するために人手を必要としません。そのため、ハードウェアなどの技術進歩にともない、継続的に導入コストが低下する可能性があります。最近はやりの言葉で言えば、「汎用人工知能」によって経済学で言うところの限界費用（モノやサービスを１つ追加で生み出すコスト）は限りなくゼロに近づく可能性があるということになります。

「第二の大分岐」

井上先生によると、「汎用人工知能」を導入した国では、雇用だけでなく経済成長率にも大きな変化が起きるとしています。「汎用人工知能」を導入した国では、経済成長率が絶えず上昇し続ける経済に移行します。一方、導入しない国の経済成長率はそのままです。井上先生はこうして生ずる国家間の経済成長率の開きのことを「第二の大分岐」と呼んでいます。「第二の大分岐」が起きる原因は、先に述べた雇用の変化です。現在の資本主義経済では「労働」と「機械」が共同して生産活動をしています。ここで「労働」は人間、「機械」は生産設備などの資本を意味します。これに対して、「汎用人工知能」を導入した国では、労働者を雇用することがなくなり、ＡＩやロボットなどの「機械」のみが生産活動を担うようになります。生産活動は完全に機械化されるのです。

１人あたりのＧＤＰを考えた場合、現在の「労働」＋「機械」の組み合わせによる生産活動では、「労働」すなわち人を増やさないとGDPが増えないため、1人あたりのGDPは「労働」がボトルネックになって頭打ちになってしまいます。それに対して、「機械」のみによる生産活動では、こうしたボトルネックがないため、1人あたりのGDPが増え続けるのです。

こうした経済成長率の「大分岐」は、19世紀の産業革命後にも起きています。当時、蒸気機関などによって生産活動を機械化した欧米諸国と機械化しなかったアジア・アフリカ諸国との間に経済成長に関する「大分岐」が生じました。19世紀の産業革命の際には、日本は幸いにも欧米諸国に著しい遅れをとることなく、経済を成長させることが可能でした。しかし、「第二の大分岐」を迎えるにあたって、注意すべき点がいくつかあります。

企業間格差と労働者・資本家の格差

「汎用人工知能」を導入するか否かによってAIを持つ国と持たない国に格差が生じることが分かりました。しかし、「汎用人工知能」を導入することによって生ずる格差は国家間のみに生ずるものではありません。ひとつは、国よりも小さい単位である企業間での格差です。同じ業種において「汎用人工知能」を導入した場合としなかった場合で、製品の機能や生産性には大きな差が生じます。もちろん生産性などが差別化要因にならない業種もありますが、流通小売り、製造業、金融など多くの業種に対して影響を与えると予想されます。こうした業種へのＡＩの導入はすでに始まっています。たとえば、自動走行車を開発している自動車会社にとって、ＡＩを活用できるか否かは「汎用人工知能」の時代を待つまでもない喫緊の課題です。いまここで技術競争に負けてマーケットを失えば、後はないかもしれません。企業はＡＩ活用ノウハウの獲得に向けて継続的に取り組むことが期待されます。

もうひとつは労働者と資本家の間に生ずる格差です。「汎用人工知能」の導入によって、労働者は職を失いますが、「汎用人工知能」を保有している資本家は多くの利益を得る可能性があります。このような状態になった場合、労働者はどうやって生活をしていけば良いのでしょうか。こうした問題への対策として最近注目されているのがベーシックインカムです。ベーシックインカム（basic income）とは、政府がすべての国民に対して最低限の生活費を無条件で定期的に支給するという制度です。現代社会におけるベーシックインカムの導入に対しては賛否両論ありますが、大量の労働者が失業する可能性がある世界においては、生活を保証するための有力な選択肢のひとつになりそうです。

「汎用人工知能」の導入にともなう失業は大きな問題ですが、導入を制限すれば国家間や企業間の競争に敗れ、ベーシックインカムを導入するための財源すら失う可能性があります。我々は「汎用人工知能」のみならず、現在利用が拡大しつつある「特化型人工知能」も積極的に活用していかなければなりません。

「言語の壁」を乗り越えると……

ここで改めて「汎用人工知能」の実現時期の予想について確認をしたいと思います。カーツワイルの予想では2029年、また先に紹介したAIの専門家に対するアンケート結果では、早くとも2040年で、遅ければ2075年頃、ということになります。

さらに、新技術が開発されて社会に普及するまでには時間がかかります。現在利用されているディープラーニングの技術も、2006年にその原型が開発されてからすでに10年が経過しています。経済学ではこの過程を「ディフュージョン」(拡散、普及)と言いますが、AIによる雇用への影響も「ディフュージョン」に要する期間を経た後におとずれることになります。そのように考えると、現在まだ確立されていない新技術を利用して「汎用人工知能」を実現した場合、雇用や社会に影響が出るのは、早くても2040年頃になると考えられます。

では、雇用への影響はそれまで顕在化しないのでしょうか。筆者はディープラーニングなどの現在利用可能な技術をベースにした「特化型人工知能」が「言語の壁」を超えた時に雇用や社会に対してきわめて大きな影響がでると考えています。第2章でも説明した通り、音声認識や画像認識と比べて、自然言語処理分野におけるディープラーニングの適用はまだ限定的です。現在の技術では「言語の壁」が超えられていないのです。

「特化型人工知能」がいつ「言語の壁」を超えられるかを予想するのは困難です。しかし、「汎用人工知能」の実現よりは早い時期に到来するはずです。「言語の壁」を超えることができれば、現在ルールベースのAIで実装されているような対話型のアプリケーションの構築を自動化したり、既存のドキュメントからAIが自動的に知識を獲得・整理したりすることが可能になります。その結果、現在ホワイトカラーが行っているかなりの業務を低コストで機械化することが可能になり、また機械による支援もできるようになります。

グーグルのニューラル翻訳のように、ここ数年でディープラーニングによる自然言語処理技術は、めざましい進歩を遂げています。今後10年以内に「言語の壁」を超え、世界はプレ・シンギュラリティ状態に突入するかもしれません。

では、このような状況下において、今後日本はAIにどのように取り組んでいくべきなのでしょうか。どうすれば、「第二の大分岐」において上昇路線に乗ることができるのでしょうか。

3 日本の勝機はどこにあるのか

本節では、AI技術を活用する上で重要となる、ビッグデータの重要性の高まりや、AI人材の観点から、日本の課題と勝機について考察します。

データ資本主義とデータ取引所

データ資本主義とは、経営資源であるヒト、モノ、カネに情報やデータを加えるという考え方です。個人がフェイスブックなどのソーシャルメディアを通じて発信する声やグーグルなどの検索サイトに入力するキーワード、センサーから得られるモノの状態に至るまで、あらゆるものが「データ」を生み出す時代になりました。

企業は、自社に有利な情報を得るためにデータを日々活用しています。たとえばソフトバンクは、携帯電話基地局の設置場所を決めるためにデータを活用し、年間数百億円のコスト削減に成功したといわれています。ソフトバンクが活用したのは、ラーメンチェッカーというスマートフォン向けのアプリケーションのデータです。このアプリは、ユーザーのいる位置情報をもとにラーメン店を検索するアプリですが、ユーザーの現在地を知ることができます。そこで、ラーメンチェッカーの利用時の通信状況を確認することにより、その場所に対する「つながりやすさ」を把握することができました。アプリの表の顔は、ラーメン店の検索アプリでありながら、裏の顔は、通信会社の品質向上のためのデータ収集の役割を持つアプリだったのです。

ソフトバンクは、約１０００社に及ぶ出資先があるがゆえに、欲しいデータを自社が出資する企業のアプリを通じて獲得することができましたが、誰もがこのようなことをできるわけではありません。自社になければデータを持つものから代価を払ってでも手に入れたいと考えるかもしれません。データブローカーと呼ばれる、個人情報を収集し販売する専門企業から購入する方法もありますが、企業が自社のサービスの改善のために張り巡らしたセンサーのデータなど、これまで社外には公開してこなかったデータもあるでしょう。

データを生み出すものとデータを利用したいものとをマッチングさせる「場」としてデータ取引所があれば、データを売買することが容易になります。貴重で人気の高いデータは、高値で取引され、データを生み出したものはより高い利益を得ることができます。また、誰がどう使うのか、いつまで利用するのかなど、データの扱いに詳しい専門機関が仲立ちすることで、所有者のプライバシーを配慮した取り扱いも期待できます。爆発的に生まれているデータを専門に扱う新たな市場が生まれることで、これまでデータを社外に出すことに消極的であった企業や個人へのインセンティブとなり、ビジネスや学術研究に生かすことができるデータが世に出るきっかけとなるのではないでしょうか。ＡＩの開発になくてはならないデータの調達先として、大いに期待できるのは言うまでもありません。

すでに日本のベンチャー企業であるエブリセンスは、センサーが生み出すデータの売買を仲介するサービスを２０１６年に始めています。また、制御機器大手のオムロンは、データのマッチングと流通に関する特許「Senseek」を取得し、主にセンサーによって収集されるデータを売買するための公的取引所の設立を通信会社などと共に目指しています。オムロンは、デバイスの売り切り型ビジネスから、サービスビジネスへと事業を広げようとしているのです。しかし、優れたＡＩを開発しライバルに差をつけたい企業にとって、市場の開設を待つのは得策ではありません。そこですでに起きているのが、データ所有企業の買収です。

企業が買収によりデータを買う時代

企業が買収をしかける際には、これまで技術を買う、人材を手に入れる、そして、ときに敵対する企業を買収しライバルを消し去ることがありました。そこに新たな目的として、買収によりデータを手に入れるという行為が大企業を中心に起こっています。貴重なデータを保有する企業を買収し、独占するのです。その一例が、ワトソンで有名なＩＢＭです。

ＩＢＭは、２０１５年に、医療用画像処理を手がけるマージ・ヘルスケアという会社を買収、２０１６年には、医療機関向けデータ分析・情報提供サービスを手がけるトルベン・ヘルス・アナリティクスを手に入れています。

マージ社は、医療機関や製薬会社向けにＣＴ画像やＭＲＩデータ、レントゲン写真などの医療用データを扱う専門企業です。これまでに蓄積したデータの総数は３００億と言われており、他に例を見ない規模になっています。医師が扱うデータは、機器の種類の増加や、機器の性能向上にともなって増加しますが、人が把握できるデータ量には限界があります。そのため、せっかくの多種多様で詳細なデータを活用するのにも限界がありました。また、地域によっては専門医が不足し、医療画像による診断そのものが難しい場合もあります。

そこでＩＢＭが目をつけたのが、ワトソンによるプレ診断です。事前に病巣と思われる兆候が写った箇所をＡＩがスクリーニングし、医師に注目する箇所を教えるのです。この手法を実現するためには、医師による過去の診断結果と根拠となった画像データが欠かせません。これを保有していたのがマージ社だったのです。ＩＢＭは、このソリューションを、画像による診断が多く用いられる心臓病や整形外科を中心に適用する予定です。画像認識は、とくにディープラーニングが得意とする分野であり、いかに学習に必要なデータを持つかが勝負の分かれ目といえます。その観点からもＩＢＭによるマージ社の買収は妥当なものでした。

これに対して、トルベン社の買収はより広い医療分野に対してワトソンの適用を狙ったものです。トルベン社は、大量の電子化された医療関連データを保有しており、同社が提供するツールの分析対象には保険請求記録など、お金に関わるデータも含まれています。将来的には、このデータを学習データとして活用することで、医師や薬剤師の持つ診断ノウハウ、経理のポイントから保険請求まで、医療に関わるあらゆるノウハウを持ったＡＩを構築できる可能性があります。

ＩＢＭのデータへの飽くなき欲求は、医療にとどまりません。２０１６年には気象データ企業のザ・ウェザー・カンパニーを買収しています。ウェザー社は、自社で独自に収集する気象予測ポイントに加えて、レーダーや人工衛星からの画像、交通情報など８００以上の異なる情報をもとに、毎日１００テラバイト以上のデータを使って企業向けの気象予測を提供しています。気象情報は、農作物のできや個人消費に影響を与え、ひいては企業の生産活動に至るまであらゆるものに影響を与えます。ＩＢＭでは、ワトソンに気象データの分析手法を学習させ、２０１６年には、Deep Thunder と呼ばれる新たな気象予測サービスを発表しました。従来の人手による分析を主とした気象予測手法と比べ、ワトソンによる手法では、企業の希望する地点に応じた、より局地的な気象予測が可能となりました。以前から技術的には可能であったとしても、人手ではハイコストで難しかったサービスを、ＡＩを活用することによって、企業が利用できるソリューションとして提供できるようになったのです。

ＡＩ用学習データの作成

画像や音声認識などに利用されているＡＩを開発するためには、学習データを用意しなければなりません。たとえば、音声認識用のＡＩを開発するためには、音声データと、その対となるテキストデータが必要です。こうした学習用データの作成を担っているのが、クラウドソーシングというサービスです。クラウドソーシングとは、インターネットを介して不特定多数の人に対して仕事を発注する業務委託の一種です。個人事業主や腕利きのセミプロと、発注者をマッチングさせることで、仕事を得たい人と仕事を依頼したい人とを引き合わせます。

ＡＩ向けの学習用データを作成するためには、主として以下の2つの作業を行います。1つは、音声データからテキストを起こしたり、画像ファイルに対して、ネコ、イヌというような正解データやラベルをつける作業です。2つ目は、学習用データの見直しや修正作業です。この作業は汚れである誤りデータを取り除く姿からクレンジングと呼ばれます。大量に集められたデータの中には、イヌの写真の中に誤ってネコの写真が混ざることがあります。クレンジングでは、こうした間違ったデータを修正します。

ＡＩの利用拡大にともない、クラウドソーシング企業が、ＡＩに必要な膨大なデータを人海戦術で生成し始めています。その具体例が、米国のクラウドフラワー社です。当初、クラウドフラワー社は、企業が保有する取引先一覧のホームページアドレスの確認などの単純な作業を請け負っていました。こうした仕事はマイクロタスクと呼ばれ、特別な専門性があまり必要なく、ひとつの作業が数分で完了するものでした。

ところが最近では、同社が請け負うタスクは、自動運転向けのＡＩのための学習データの作成にも広がっています。クラウドフラワー社が扱うマイクロタスクが、学習データに必要な作業であるデータへのラベル付けやクレンジングに適していたためです。

同社では、この取り組みをさらに一歩進め、ＡＩのための学習データを作成するためだけでなく、ＡＩを活用した業務プロセスにも入り込もうとしています。それが、マイクロソフトと共同開発した「CrowdFlower AI Powered by Microsoft Azure Machine Learning」です。これは、ＡＩと人が助け合って作業を進めるクラウドソーシングプラットフォームになっています。

日夜、進化し続けるＡＩですが、人と同じレベルの認識率が実現できず、人手による例外処理が必要となる場合も少なくありません。また、ＡＩの精度向上に必要な数パーセントの投資よりも人手による対応作業のほうが費用対効果の高い場合もあります。そこで、このプラットフォームでは、マイクロソフトのＡＩ基盤である Azure Machine Learning の技術を活用し、まずはＡＩで処理し、その中から例外的なケースで対応が難しいものを人手によるクラウドソーシングで対応する仕組みを作り上げました。

この仕組みは、履歴書のスクリーニングやコールセンターでの問い合わせ対応後の課題の分析作業など、主にテキストデータを中心とした自然言語処理が必要とされるシーンでの活用を想定しています。想像ですが、人手による対応が必要となったケースは、ＡＩを賢くするための学習データとして活用されるのではないかと思われます。

この様に、クラウドフラワー社は、簡易な作業の担い手という付加価値の小さいサービスから、現在のAIの弱点をうまく人手で補完し利便性の高いサービスとし、さらにはAIを生み出す企業へと変貌を遂げようとしています。クラウドソーシング、コールセンターでの問い合わせ対応、入力作業代行業といった簡易な作業はAIへの置き換えが進む可能性が高いと言われている仕事です。この様なビジネスを生業とする企業の中には、自社の業務にいち早くAIを導入することによって、高度なAI活用企業に変貌する可能性を持った企業があります。その理由はもっとも身近にAIの迫り来る脅威を感じると同時に、AIが必要とする学習データを日頃から扱っているためです。

モデルの大型化とデータ量の増加

2012年に行われたILSVRCの画像認識のコンテストにおいてトロント大学のヒントン教授率いるチームが優勝して以来、ディープラーニングによる物体の認識率はその後も向上し続けています。2012年に16％であったエラー率は、2014年には6・7％に下がり、2015年には人間のエラー率5・1％を下回る3・57％を実現しています。

近年、こうした画像の認識率の向上にともない、ディープラーニングのモデルが大型化しています。２０１２年に優勝したＡｌｅｘＮｅｔは8層のニューラルネットで構成されていました。その後、層数は毎年増加し続けており、２０１４年のＧｏｏｇｌｅＮｅｔでは22層になり、２０１５年のＲｅｓＮｅｔでは１５２層にもなっています。

また、モデルの精度と学習データ量の関係についても研究が進み、精度を向上させるために学習データも増大化しています。中国大手インターネット企業百度《バイドゥ》の音声認識モデルにおける研究結果によると、従来の機械学習手法では、ある一定以上学習データを増やしても認識精度が上がらなくなるのに対して、ディープラーニングによるモデルでは学習データの量を増やせば増やしただけ精度が向上していくということがわかりました。

研究レベルでは、より小規模なニューラルネット、かつ少ない学習データによって高精度なモデルを実現する手法も検討されています。しかし、こうした研究の成果が出るまでは、高精度なＡＩモデルを実現するために、大規模な計算機リソースと大量のデータが必要不可欠となりそうです。

変化するハードウェア環境

より高度なディープラーニングのモデルを実現するために、より高速かつ低消費電力の計算機環境が求められており、ディープラーニングを実行するハードウェアプラットフォームにも大きな変化が起こりつつあります。

現在、ディープラーニングのモデルを学習させるためには、GPU（Graphics Processing Unit）の利用が一般的です。GPUは多数の演算コアで構成されており、一般的なCPUよりも並列処理による数値計算が速いという利点があります。第1章でも紹介したように、もともとの用途はグラフィック処理の高速化でしたが、機械学習においてもこの利点が有効利用されています。しかし、GPUよりもさらに消費電力当たりの演算性能を高めるため、別の手段を探す動きが活発になってきています。

その1つが、FPGA（Field Programmable Gate Array）と呼ばれる集積回路の利用です。以前から、マイクロソフトが検索エンジン「Bing」の自然言語処理にFPGAを搭載した専用サーバを使用するなどの動きはあったものの、こうした動きは限定的でした。しかし、2016年10月に百度がデータセンターの機械学習アプリケーションの高速化のためにザイリンクス社のFPGAを採用すると発表したのに続き、12月にはAWS（アマゾン・

ウェブ・サービス）も同社のクラウドサービスであるアマゾンEC2のF1インスタンスにザイリンクス社のFPGAを採用すると発表しました。ザイリンクス社はFPGAの活用により、ゲノム解析、財務解析、ビデオ処理、ビッグデータ分析、機械学習の推論などのワークロードの高速化が可能としています。今後、FPGAは機械学習だけでなく、データセンターのさまざまな処理の高速化、低消費電力化に寄与する技術として、広範に利用される可能性が高まっています。

2つ目の動きは、機械学習に特化した専用プロセッサーの開発です。グーグルは2016年5月にディープラーニングの専用プロセッサー「Tensor Processing Unit（TPU）」を開発し、2015年から使用していることを公表しました。

TPUは先に紹介したアルファ碁のほか、グーグルの機械学習サービスである Cloud Machine Learning やグーグル・ストリートビュー、音声検索など同社の100以上の開発チームで活用されており、消費電力あたりの性能は、GPUやFPGAの10倍だとしています。

3つ目の手段は、量子コンピュータの適用です。これは近年実用化された「量子アニーリング方式」の量子コンピュータが、「組み合わせ最適化問題」という機械学習の学習処理と同じ数学的な問題の解決能力に優れているためです。

すでに欧米では、ＡＩへの適用を見据え、政府主導で量子コンピュータへの戦略的な投資が始まっているほか、グーグルやＩＢＭも量子コンピュータの開発を進めています。

日本企業はデータ資本主義にどう取り組むべきか

グーグルやフェイスブックといったネット企業は、インターネット上のサービスから大量のデータを収集・蓄積・分析しています。彼らは、データ資本主義社会における巨大資本家と言えるでしょう。しかし、インターネットが「モノのインターネット」であるＩｏＴ(Internet of Things）に進化するにともない、この状況に変化が起きる可能性があります。

彼らは、車や家電などの領域にも進出を試みていますが、工場などの製造現場や、産業用機器から生み出されるデータにはまだアクセスできていません。一方、強い製造業を有する日本にとって、ものに関したデータにアクセスすることは比較的容易です。また、工業製品に組み込まれるＡＩや、製造現場で利用するＡＩの学習データは画像データやセンサーデータがメインになります。こうしたデータは国による言語の壁も低いため、ソリューション化した場合に他国に輸出しやすいというメリットもあります。

データの出自に着目した場合、ＩｏＴから生成されるデータを利用したＡＩ活用で競争力を発揮できるか否かが、これから日本がＡＩやロボット活用で世界をリードできるか否かを占う重要な試金石となるでしょう。

ここで注意すべき点は、ネット企業がライバルにならなくとも、同業種の中での競争は避けられないことです。データにアクセスできるという点が同じであるならば、ＡＩ技術の保有や使いこなしが成否を分ける重要な要因になります。残念ながら、日本はディープラーニングなどの先端的なＡＩ分野の活用に関しては出遅れ感があります。とくに製造分野に強い中国が、ＡＩの研究開発において頭角を示し始めていることに対して注意を払う必要があります。

海外での存在感が低下している日本のＡＩ研究

２０１６年、文部科学省の科学技術・学術政策研究所はＡＩ関連の学会での国別の発表件数を数えることにより、各国の存在感についての見積もりをしました。具体的には、ＡＩの著名な国際会議であるＡＡＡＩ、ＡＡＭＡＳ、およびＫＤＤの２０１０年から２０１５年までの会議録をベースに、主要国別に発表数を数えることで、各国の存在感（参画度）を見積もっています。

調査結果によると、米国と中国が圧倒的な存在感を有するのに対して、日本の存在感がかなり希薄化していることが判明しました。もっとも権威がある米国人工知能学会の国際会議では、ここ数年で米国と中国からの発表が急増しています。２０１５年は米国の大学や企業の発表が３２６件（48・４％）と最多で、次いで中国が１３８件（20・５％）。両国で全体の約７割を占めています。日本の順位は８番目で発表件数は20件（３％）とかなり少ない状況です。

筆者らも国内外のＡＩ関連の学会に参加しており、この調査結果の内容を実感しています。さらにこの内容に付け加えると、学会の会場では中国の存在感はこの調査結果以上に大きいものに感じられます。それは所属機関がグーグルや米国の大学の場合でも、発表の担当者は中国系の研究者である場合が多いためです。実際に発表をしている研究者の４割近くが中国系のように見受けられます。

また、発表者の所属機関として日本が少ないことはその発表の通りですが、会場に参加して驚くのは、聴講者も含めて日本人がほとんどいないことです。単に学会での発表内容を把握することが目的であれば、論文を集めて読むことによって対応することは可能です。しかし、それだけで事が済むのであれば、イベントとして学会を開催する必要自体がなくなってしまいます。学会に参加するということは、場を共有することによって肌感覚をもって研究動向を知ることや、ワークショップなどを通じて新しい研究分野に対して意見交換する機会を得るという点に価値があります。しかし、日本の研究者はそうした機会を享受できていないということです。

基礎研究を重視するAI先進国

発表の内容についても、日本の人工知能学会の全国大会と海外の著名な国際会議では違いが感じられます。そもそも人工知能学会の全国大会は学部生などによる発表も多く、トップクラスの国際会議と直接比較するのは適当ではないかもしれませんが、人工知能学会では比較的応用研究的なものが多いのに対して、国際会議では基礎研究が中心になっています。

何がこのような状況を招いているのかに関して、確たる裏付けはありませんが、1点気になることがあります。それは、2016年のノーベル生理学・医学賞を受賞した、東京工業大学の大隅良典栄誉教授が発した「役に立つかどうかで科学を捉えると社会はダメになる」という言葉です。もし日本のＡＩ研究者が、何らかのプレッシャーによって「役に立たなければならない」と考えて応用研究的なテーマを選択しているようであれば、それは大きな問題だと思います。

第1章でも述べましたが、現在のディープラーニングの方式を開発したトロント大学のヒントン教授や、画像のラベル付けをされたデータベースをつくっていたスタンフォード大学のフェイフェイ・リー教授は、今日の成果を確約して研究をしていたわけではありません。また研究テーマを評価する側も、将来的に成功する研究をすべて見抜くことができるわけではありません。日本の研究者に対してイノベーションを望むのであれば、選択と集中のみでなく、ベーシックインカムのような無償の研究費を一定額提供するといった政策も検討すべきだと思います。

過熱するAI人材の争奪戦

ディープラーニングに代表される最先端のＡＩ技術を使いこなせる人材は、世界的に不足しています。そのため、米国ではインターネット企業を中心にＡＩ研究者の獲得競争が活発化しています。２０１３年にグーグルは、現在のＡＩブームの立役者であるトロント大学のヒントン教授の設立したＤＮＮリサーチを買収しました。また、ヒントン教授の弟子であったニューヨーク大学のルカン教授もフェイスブックのＡＩ研究所設立時にその責任者に就任しています。

第一線で活躍している研究者が、企業への移籍や共同研究に積極的である背景には、企業の持つ膨大なデータを研究に生かしたいと考える研究者側の思惑もあると考えられます。彼らは、辛抱強く基礎研究をするだけではなく、実用的な新技術を開発した後の製品化やサービス化に対してもきわめて積極的なのです。

一方、すでに膨大なデータを保有している企業は、深層学習を使いこなせる人材を獲得することにより、ＡＩを活用したビジネスの主導権をにぎることができます。企業と研究者はお互いにデータと技術力を補完しているのです。

日本の真の課題はユーザー企業の人材不足

ＡＩ人材について語る場合、研究者に関する話題が中心になることが多いのですが、小売りや製造業といった各産業の国際競争力の観点では、企業におけるＡＩ人材不足の方がより深刻です。現在のＡＩ技術には大きく分けて、ビッグデータの処理などにより分析や予測をする「大人のＡＩ」と、ディープラーニングによって実現される認識や運動能力などを活用する「子供のＡＩ」の2つがあります（第5章参照）。

これらの技術は独立して使われる場合もありますが、「大人のＡＩ」をベースに「子供のＡＩ」を付加していくような使い方も可能になってきています。たとえば、いままでの購買履歴のような数値データを中心とした分析に加えて、店舗での画像を分析することによって得られる顧客の行動分析の結果や、言語処理によってコンタクトセンターやチャットから得られるテキスト情報などを加味して分析するといったことが可能になっているのです。

こうした分析をするために必要になるのが、データサイエンティストと呼ばれる人材です。残念なことに日本では、データサイエンティストという人材を、きちんと活用できている企業が少ないというのが実状です。

少し古いデータなのですが、野村総合研究所が2013年に国内外の企業向けに実施したアンケート結果によると、日本では6・0％の企業にしかデータサイエンティストという職種の社員がいなかったのに対して、中国では56・2％、米国では41・8％という回答が得られました。日本の場合、データサイエンスの採用を予定している企業も2・6％と低く、状況を改善する兆しもアンケートからは得られませんでした。こうした状況は、現在でも変わっていないとの認識をもっています。

一方、海外の企業ではデータサイエンティストは一般的な職種となっています。最近筆者らが参加したいくつかの海外のビジネス系のＡＩのカンファレンスにおいても、ユーザー事例の講演者の多くがデータサイエンティストという肩書を有する人たちでした。また、こうしたカンファレンスの参加者は3分の1がデータサイエンティストで、残りの半分ずつが、ビジネス系の人間とＩＴ系の人間であることが一般的です。日本と海外におけるデータサイエンティスト人材事情は大きく差がついています。

日本企業にデータサイエンティストが少ない理由はいくつかあります。ひとつには、日本企業がＩＴ関連の業務の大半をベンダーに委託しているのに対して、欧米ではこうした業務に対する内製化が進んでいるという点があります。しかし、より根源的な理由は大学での専門教育を受けた人数の違いによるものです。マッキンゼーの調査によると、大学で深い分析に関する教育を受けた学生数は、米国が約2万5０００人なのに対して日本には３４００人しかいません。供給サイドである大学の問題なのか、企業側の需要が顕在化しないのが原因なのかは不明ですが、大学からの供給不足は「子供のＡＩ」の分野にも暗い影を落としています。

「大人のＡＩ」と「子供のＡＩ」は、どちらも統計・確率やそれらを基礎とした機械学習といった技術で作られています。そのため、「大人のＡＩ」と同じように「子供のＡＩ」に関しても、日本での大学教育の環境は、米国などと比べると見劣りする状況です。

ディープラーニングに関連した技術は、基礎研究レベルで日々改善が進んでおり、その成果は大量の論文として発表されています。今、日本企業が必要としている人材は、こうした論文を発表できる研究者よりも、研究者が発表した最新の論文を日々チェックし、他社に先んじて先端技術を習得し、自社製品に取り込むことができるような技術者なのです。

明治維新に学ぶ

残念ながら、多くの日本企業はＡＩ技術の活用という観点では、米中と比べて周回遅れになっているという現実を認識しなければならないと思います。これから産業革命以上の大きな変革の時を迎えるにあたり、このような状況では国家の存亡にも関わりかねません。

現在の新技術活用のための人材が不足している状況は、欧米に1世紀近く遅れて産業革命が始まった明治維新の頃の日本と同じかもしれません。当時の日本は新しい技術や制度を学ぶために、数多くの「お雇い外国人」を招き入れていました。日本企業におけるビッグデータやＡＩへの取り組みを組織的に建て直すためには、ＣＴＯ（Chief Technology Officer）

クラスに、海外でしかるべき実績を持つ人材を登用すべきだと思います。発想の原点が同じか否かは知るべくもないですが、前述の通り、すでにトヨタは米国西海岸にＡＩ技術の研究・開発を行う新会社を設立、そのトップにＤＡＲＰＡのロボティクスチャレンジのプログラムマネジャーを務めていたギル・プラットを採用し、研究開発を推進しています。

人材拡充を図るために、もうひとつ進めるべき施策が、洋行（留学）の促進です。現在の中国のＡＩ研究の強さの源泉のひとつが、大量の中国人留学生によるものだと考えられます。２０１５年現在、米国の留学生全体に占める中国人留学生の割合は31％となっており、その割合の多さは他国と比べて圧倒的です。米国に留学した学生たちの多くは米国の大学に残って研究を続けたり、欧米のＩＴ企業に就職して研究活動をつづけています。先に、国際会議での中国の存在感の大きさに関して紹介しましたが、彼らは国際的な研究者コミュニティの中にすでに溶け込んでいる状態です。

日本の企業も、優秀な学生に対する奨学金の提供や社内の若手技術者に対する留学制度を拡充することによって、積極的に海外の研究機関に留学させ、最新の技術や研究者コミュニティとの関わりを深める機会を持たせるべきだと思います。

人間の幸福に貢献できるＡＩ活用を

従来イノベーションに関する議論は研究・開発が企業の成長に重要な役割を果たす製造業を中心に語られてきました。しかし、先進国では、経済活動の約80％がサービス分野となり、サービス分野でのイノベーションへの注目が高まっています。オープンイノベーションの先駆的研究者であるヘンリー・チェスブローは、発展を遂げた企業や経済にとってさらなる繁栄への道は、知識集約型のサービス分野にあるとしています。ＡＩはこの知識集約型のサービスを実現する手段として、きわめて親和性の高い技術です。

先に、ＩｏＴから得られるデータに着目し、製造業におけるＡＩ活用を日本におけるＡＩビジネスの突破口とすべきだと論じました。これを第一段階の策とした場合、第二段階目の取り組みとして有望視されるのが、サービス分野におけるＡＩ活用です。

4次元企業に関する議論の中でも紹介したように、現在多くの製品がコモディティ化の問題に直面しています。そのため、たんにＡＩを搭載した製品というだけでは、長期にわたる差別化の実現は難しいと思われます。そこで、自社製品を中核とし、ＡＩを活用することによってサービスビジネスへ拡大するというのが第2段階目の具体的な取り組み指針です。

同様の考え方に基づく事例があります。建設機械メーカーのコマツはドローンなどを使って施工現場を３次元データ化することにより、建機が半自動的に作業する「スマートコンストラクション」というサービスを提供していましたが、ＡＩを活用することにより、建設現場の作業を効率化する情報を提供する付加サービスを新たに始めました。コマツはこうしたＡＩを含めた次世代技術の開発に研究開発費の15～20％を充てており、早期にＡＩで制御する全自動建機の実現を目指しています。

コマツの事例は優れたモデルケースですが、他国との差別化を考えた場合、日本ならではの専門家の知識を学習データとして、ＡＩサービス化するということも十分考えられると思います。ＡＩの高度化にともない、今まで人間同士でも困難であった、専門家の持つ暗黙知すらもＡＩに学習させることが可能になりつつあります。たとえば、日本の「おもてなしの精神」をＯＪＴによって学習させ、容易には模倣できないＡＩ接客サービスを実現することもできるのです。

現在のＡＩの活用は、とかく生産性向上やコスト削減への適用の実現手段となりがちですが、人間の幸福に貢献できるＡＩ活用には、より大きな市場性があると思います。

【著者略歴】
古明地　正俊（こめいち・まさとし）
野村総合研究所デジタルビジネス開発部上席研究員(執筆時)。東京工業大学 大学院修士課程修了後、大手メーカーの研究部門でパターン認識の研究などに従事。2001年野村総合研究所入社。現在は(独)情報処理推進機構で『AI白書』『DX白書』などの白書事業に従事。

長谷　佳明（ながや・よしあき）
野村総合研究所IT基盤技術戦略室エキスパートリサーチャー。同志社大学大学院修士課程修了後、外資系ソフトウェアベンダーのコンサルタントを経て、2014年野村総合研究所入社。現在は、ITアナリストとして先進的なIT技術や萌芽事例の調査、コンサルティングなどを行う。共著に『まるわかりChatGPT&生成AI』（日本経済新聞出版）がある。

日経文庫
AI（人工知能）まるわかり

2017年3月24日　1版1刷
2024年11月25日　9刷（新装版1刷）

著　者　古明地正俊
　　　　長谷佳明

発行者　中川ヒロミ

発　行　株式会社日経BP
　　　　日本経済新聞出版

発　売　株式会社日経BPマーケティング
　　　　〒105-8308　東京都港区虎ノ門4-3-12

装幀 next door design
組版 マーリンクレイン
印刷・製本　大日本印刷株式会社

ISBN978-4-296-12184-7
Printed in Japan